Kornelius Novak

Göttliche HEILUNG & weitere Absichten Gottes

Gihon Publishing

Göttliche Heilung
& weitere Absichten Gottes

Kornelius Novak

1. deutsche Ausgabe:
2015 GIHON Publishing
Postfach 1309
71522 Backnang
literatur@gihon.de

Umschlagsbild: ©Fotolia

Printed in Germany

ISBN: 978-3-939979-52-4

Inhaltsverzeichnis

Vorwort

Das Thema „Göttliche Heilung“ ist immer ein aktuelles und wichtiges Thema, weil jeder von uns Kranke kennt, oder selber von Krankheit betroffen ist, was dazu führt, dass starke Emotionen mitschwingen. Und: Es ist ein vielseitiges Thema, weil es viele Ursachen für Krankheiten gibt und in der Bibel deutlich wird, dass Gott mit den besten Absichten sehr unterschiedlich mit Krankheiten und Kranken umgeht. Nicht selten heilt Gott, wie wir immer wieder erlebt haben, und auch darüber möchte ich in diesem Buch berichten.

Es kursieren viele einseitige und unbiblische Lehren und Vorgehensweisen zum Thema Heilung, aber auch konkrete Manipulation und Betrug. Leider wird das Leid der Kranken damit nur vermehrt und es herrscht eine weit verbreitete Unsicherheit darüber, was man nun glauben soll und was nicht. Auch in dieser Hinsicht wird dies Buch hilfreich sein.

Es ist meine Hoffnung, dass viele Menschen durch diese Ausführungen die Hilfe bekommen, die sie wirklich brauchen, sei es bei persönlicher Krankheit, oder für den Dienst an anderen.

Also los geht’s!

Kapitel 1

Gott ist unser Arzt

Gott offenbart sich in seinem Wort auf vielfältige Art und Weise. Er ist der Schöpfer, er ist der Herr aller Herren, er ist unser Vater, und...

Gott sagt: ***„... ich bin der HERR, dein Arzt!“*** 2Mose 15,26

Wenn Gott sich als Arzt offenbart, dann deshalb, weil er heilen kann und heilen will.

Es gibt keine Krankheit, die für Gott unheilbar ist. Es ist keine Krankheit zu kompliziert, als dass Gott sie nicht augenblicklich heilen könnte. Gottes Wort wird weltweit gelesen, verkündigt und Gott will, dass jeder Mensch es weiß: ***„Ich bin der Herr dein Arzt!“*** Gott sagt nicht: „Ich bin ein Arzt", sondern jeder der es ließt, erfährt die persönliche Anrede Gottes ***„Ich bin dein Arzt!“*** **Hier geht es um Gott und deine persönliche Heilung.**

Das Thema „Heilung“ dürfen wir aber nicht aus dem Gesamtzusammenhang der Bibel lösen, wenn wir richtig damit umgehen wollen. Und wir können es erst recht nicht getrennt von Jesus Christus richtig verstehen. Deshalb möchte ich im nächsten Kapitel den großen Rahmen aufzeigen, in dem wir das „Bild“ der Heilung sehen müssen. Ohne Kenntnis darüber, welches Ziel Gott mit dieser Welt hat, werden wir auch das Thema Heilung falsch verstehen.

Kapitel 2

Was ist der Sinn des Lebens & warum müssen wir sterben?

Solange es uns gut geht, stellt sich die Frage nach dem Sinn des Lebens nicht zwingend. Doch in Krisen und Krankheitszeiten wird die Frage nach dem Sinn des Lebens in uns lauter. Viele Menschen haben mich gefragt, was der Sinn des Lebens ist, und warum wir auf dieser Welt leiden und sterben müssen, wenn es doch anscheinend einen liebenden Gott gibt, der ewig mit uns leben will. Die richtige Antwort der Bibel ist entscheidend, um das ganze Thema Heilung im richtigen Zusammenhang zu verstehen. Deshalb möchte ich gleich am Anfang in aller Kürze Gottes Ziel mit unserer Zeit hier auf Erden aufzeigen. Auf diesem Hintergrund können wir dann Gottes Absichten, auch beim Thema Heilung, besser verstehen.

Gott hat größere Fähigkeiten und Möglichkeiten als wir Menschen. Gott ist allwissend und allmächtig. Das Wichtigste aber ist, dass Gott Liebe ist! Und das Herzstück in Gottes Liebe sind nicht rosa Gefühle, sondern Gottes Moral. Die Moral ist eine positive Verpflichtung Gottes, das Gute und Richtige zu tun. Gott will das Beste für alle! Stell dir vor, wenn das Herzstück in Gottes Liebe keine Moral wäre: Wie könnte Gott dann gerecht sein, wenn er da und dort ungerecht wäre? Wie könnte er gut sein, wenn er ab und zu das Böse tun würde? Wir merken also, dass Gott nur deshalb Liebe ist, weil er ein moralischer Gott ist. Gott weiß, was gut und richtig ist, und er weiß sich dem verpflichtet.

Das Herzstück der Liebe Gottes ist die Moral

Liebe ist auch immer beziehungsorientiert. Gott will in Harmonie mit uns Menschen leben. ***„Gott ist treu, durch den ihr berufen worden seid***

in die Gemeinschaft seines Sohnes Jesus Christus." 1.Kor. 1,9 Gott will in seiner Liebe das Beste für alle Lebewesen im Universum, und er will das Glück und die Herrlichkeit gemeinsam mit allen teilen.

Aber warum hat Gott nicht alles so geschaffen, dass es allen gut geht? Hier ist folgende Erkenntnis wichtig: Weil Gott Liebe ist, deshalb kann er nicht alles, obwohl er allmächtig ist. Gott kann z.B. nicht lügen, und Gott kann in seiner Liebe auch niemanden dazu zwingen in Harmonie mit ihm zu leben. Ein verliebter Mann kann die Frau, in die er sich verliebt hat, auch nicht dazu zwingen mit ihm zu leben, nur weil er ihr körperlich überlegen ist! Nein! Wahre Liebe setzt den Respekt des freien Willens und der freien Entscheidung voraus. Nur so ist das perfekte Leben in Harmonie mit Gott und dem Menschen möglich.

DIE LIEBE GOTTES SETZT DER ALLMACHT GOTTES GRENZEN

Gott will also in seiner Liebe in perfekter Harmonie mit uns Menschen leben. Da Gott die perfekte Harmonie anstrebt, musste er uns Menschen mit einem freien Willen und der Fähigkeit richtige Überzeugungen gewinnen zu können, erschaffen. Nur so kann der Mensch Gott wirklich lieben und nur so kann der Mensch freiwillig und aus Überzeugung mit Gott in Harmonie leben.

DER PERFEKTE MENSCH TUT DAS GUTE UND RICHTIGE FREIWILLIG UND AUS ÜBERZEUGUNG UND NICHT AUS ZWANG, ANGST ODER NEGATIVER PFLICHTERFÜLLUNG. AUCH NICHT ALS FUNKTIONIERENDER ROBOTER.

Aber Gott lebt nicht in Illusionen. Bevor Gott diese Welt erschuf, sah er in seiner Allwissenheit bereits voraus, dass wir Menschen uns von Gott trennen werden, und dass wir in unserer Selbstverwirklichung mehr und mehr das Böse und Falsche tun werden. Auch dass diese Welt ein Teufelskreis wird mit allen Konsequenzen der Sünde und Leiden aller Art und der ewigen Verlorenheit der Menschen. Gott sah also voraus, dass es zwischen vielen anderen Leiden, Ungerechtigkeiten und Brutalitäten auch Krankheiten geben wird, die sich aufgrund der Sünde in der Welt ausbreiten werden. Wäre das alles gewesen, dann hätte Gott uns Menschen gar nicht erschaffen, denn das ist nicht mit seinem herrlichen Ziel vereinbar. Aber Gott sah auch voraus, dass unzählige Menschen begreifen werden, dass ein Leben ohne Gott sinnlos ist. Gott sah voraus, dass unzählige verlorene Menschen Gott suchen werden, weil sie mit Gott in Harmonie leben wollen. Die Frage war dann bei Gott, ob es unter diesen Umständen möglich sein kann, wieder mit den Menschen in Harmonie zu kommen.

Da sah Gott **zwei Hauptprobleme.** Zum einen würde unsere persönliche Schuld uns von Gott trennen, und Schuld verdient Strafe. Zum anderen würde Satan lauter Religionsattrappen aufbauen, damit wir verlorenen Menschen nicht zu Gott zurück finden, selbst wenn wir zu ihm zurück wollen!

Es gab nur eine Lösung: Gott wusste schon, bereits bevor er diese Welt erschuf, dass er in Jesus Christus auf diese Welt kommen muss, und zwar aus folgenden Gründen:

- Nur durch Jesus kann Gott uns gefallenen und verlorenen Menschen wieder zeigen, wie Gott und wer Gott wirklich ist, um so die Religionsattrappen zu entlarven. Das heißt: Jesus ist wahrer Gott.

- Nur durch Jesus kann Gott uns auf der anderen Seite zeigen, was wahres Menschsein ist, damit wir uns nicht mehr an anderen Sündern orientieren und niveaulos leben. Das heißt: Jesus ist auch wahrer Mensch.

- Nur durch Jesus kann Gott uns zeigen, wie wir als Menschen in Harmonie mit Gott leben können, und wie das aussieht. Damit ist Jesus ein Vorbild, wie wir als Menschen in Harmonie mit Gott leben können.

- Nur durch Jesus konnte Gott die Schuld der Menschen in seiner Liebe stellvertretend erleiden, damit wir nicht bekommen, was wir verdienen. Nur durch Jesus konnte dieses Schuldproblem gelöst werden.

- Nur durch Jesus können wir Menschen Gott erkennen, und begreifen, wie wir als Menschen leben sollten, Vergebung erhalten und wieder in Harmonie mit Gott kommen.

Die große Frage Gottes war dann, ob alle Menschen umkehren werden, wenn Jesus am Kreuz die Umkehr ermöglicht? Schon im Paradies war es möglich, dass ***„ein Himmel auf Erden"*** entsteht, aber Gott sah, dass es nicht der Fall sein wird. Auch jetzt, nach dem Kreuz, war es möglich, wenn alle umkehren würden. Aber Gott sah, dass es verhältnismäßig wenige Menschen sein werden. Dazu sah Gott voraus, dass diejenigen, die umkehren, auch noch schikaniert und verfolgt werden. Er sah auch, dass die Gottlosen sogar das Kreuz und die Bibel missbrauchen werden, um ihre gottlosen Ziele zu verfolgen, dazu all die Fehlentwicklungen in der Kirche ... Letztlich sah Gott, dass diese Welt trotz Jesu Kreuzestod ihrem Ende und Untergang entgegen gehen wird. All das sah Gott, bevor er diese Welt erschuf!

Die große Frage war dann bei Gott: Wie und wo kann ich mit den Menschen in Harmonie leben, die zu mir freiwillig und aus Überzeugung umgekehrt sind? Die Lösung kann für einen allwissenden Gott nicht schwer gewesen sein. Bevor Gott diese Welt erschuf, wusste er bereits, dass er eine zweite Welt erschaffen wird, in der er mit denen ewig leben wird, die durch Jesus Christus zu ihm umkehren werden. Die große Frage war nur: Wird der Himmel in Gottes neuer Welt Realität? Und Gott sah, dass das Leben in Harmonie dort in Gottes ewigem Reich gelingen wird, weil dort nur Menschen sein werden, die freiwillig und aus Überzeugung ihm dienten. Dort werden also nur Menschen sein, die Gott lieben, denen es eine Ehre und Freude ist, in Harmonie mit Gott und seinem guten und gerechten Gesetz zu leben. Sie haben es mit ihrem Leben hier auf der Erde bewiesen, dass sie in den Himmel wollen und dort auch hingehören.

Gott sah die Herrlichkeit des ewigen Lebens im Himmel voraus. Gott sah den Frieden, die Freude, die Liebe und Gerechtigkeit und die unfassbare Fülle des Glückes des ewigen Lebens im Himmel. Nur weil Gott vorhersah, dass die Herrlichkeit des Himmels es wert ist, durch diese Weltzeit der Leiden zu gehen, war Gott auch bereit für uns in Jesus Christus am Kreuz zu leiden, um jedem Menschen diese Herrlichkeit des Himmels zu ermöglichen. Die Herrlichkeit des Himmels ist so wertvoll und erstrebenswert, dass Gott sogar bereit dazu war, alle Leiden auf sich zu nehmen, die er dann in Jesus Christus für uns erlitt, im Leben und im Sterben. Damit wir teilhaben können an dieser Herrlichkeit. Wenn also sogar Gott bereit war angesichts dieser zukünftigen Herrlichkeit auf diese Welt zu kommen, zu leiden und zu sterben, dann ergibt sich folgende Tatsache:

ES LOHNT SICH ZU LEBEN, ES LOHNT SICH SOGAR ZU LEIDEN UND WENN'S SEIN MUSS AUCH ZU STERBEN.

Manche erwarten, dass Gott eingreift und die Menschheit „zum Guten bewegt." Aber wie sollte Gott das tun? Wie gesagt: Würde Gott am Horizont auftauchen und uns zum Guten und Richtigen zwingen, würde die Liebe aus dem Universum verschwinden und Gott würde für alle Zeit als Diktator dastehen, der er aber weder ist, noch sein will. Wenn Gott uns Intelligenz, Moral, Gewissen und den freien Willen einschränken oder entfernen würde um uns stattdessen zu heilig handelnden Wesen umzuprogrammieren, wären wir Roboter und würden weder leben, lieben noch frei handeln können. Gott ist Liebe, und er will, wie ein liebender Vater mit uns als seinen Kindern leben. Weil Gott Liebe ist, gibt es keinen anderen Weg, um in perfekter Harmonie mit uns Menschen zu kommen, als diesen Umweg, den wir Menschen eingeschlagen haben.

Wir können und wir sollen in Harmonie mit Gott leben! Das ist der Sinn des Lebens! Das ist das Ziel des Lebens! Dass wir das ewige Leben durch Jesus Christus erhalten! Aber warum müssen wir dann in dieser Welt sterben?

Zum echten Leben gehört untrennbar dazu, dass man die Folgen und Konsequenzen seines Handelns erlebt und mit ihnen weiterleben muss. Das gilt für alle Lebensbereiche. Ich kann einen Baum erst dann in Scheiben sägen und zu Brennholz hacken, wenn ich ihn zuvor gefällt habe. Ein Arbeitsschritt folgt dem anderen. Der Bauer kann erst ernten, wenn er gesät hat. Wir können erst essen, wenn wir zuvor gekocht haben... Wir sehen also, dass Folgen und Konsequenzen untrennbar zum Leben gehören. Gott wollte natürlich, dass wir als Menschen die positiven Folgen unseres guten und richtigen Handelns in dieser Welt erleben und die Welt mit Segen und Herrlichkeit erfüllen! Doch Gott sah in aller Deutlichkeit voraus, dass wir Menschen uns von Gott trennen werden und welche Konsequenzen aus der Sünde entstehen. Darunter auch alle Leiden und Krankheiten. Es war nie Gottes Wunsch, dass wir Menschen den Weg der Sünde einschlagen und dann unter den Folgen der Sünde derart leiden. Diese Leiden sind nicht Gottes Erfindungen, sondern Konsequenzen aus unserer falschen, egoistischen und ungerechten Art zu leben. Wie gesagt: Wenn das alles gewesen wäre, was Gott vorhersah, dann hätte er die Welt und uns

Menschen nicht erschaffen. Aber weil Gott voraussah, dass die Herrlichkeit des Himmels es wert ist, durch diese Zeit der Leiden zu gehen, musste er diese Leiden und Krankheiten zulassen. Gott entschied sich aber in seiner Liebe, Gnade und Barmherzigkeit, unser Leben hier auf der Erde zu begrenzen, um die Leiden zu begrenzen!

Viele sehen im Tod nur einen Feind, aber Tatsache ist, dass der Tod für viele Menschen eine Erlösung ist! Stell dir vor, du könntest endlos gefoltert werden, ohne zu sterben?! Jahrelang!!! Oder stell dir vor, du würdest einen Autounfall haben und wochenlang im Auto brennen ohne sterben zu können?! Unvorstellbar! Das Leben auf Erden würde zu einer Hölle werden! Stell dir vor, du könntest krank werden und die Leiden wären ohne Ende! Wir sollten Gott dankbar sein, dass das Leben auf dieser gefallenen Welt nicht ewig währt.

Es gibt eine einfache Rechnung: Sünde plus endloses Leben ist im Ergebnis die Hölle! Wir hätten die Hölle auf Erden, als Konsequenz für unsere Sünden, wenn wir ewig hier leben müssten! Dann wären wir brutalen Sündern und den grausamen Folgen der Sünde auf ewig ausgeliefert! Der Tod setzt den Leiden eine Grenze und wir dürfen nicht vergessen, dass mit dem Tod nicht alles aus ist. Gott bietet uns ewiges Leben an, und wer im Glauben an Jesus Christus gestorben ist, der ist mit der sicheren Verheißung der Auferstehung von den Toten gestorben. Der hat die Gewissheit des ewigen Lebens schon Zeit seines Lebens hier auf der Erde und lebt und stirbt deshalb im Frieden Gottes. In Gottes neue und ewige Welt kommen deshalb nur Menschen, die freiwillig und aus Überzeugung in Harmonie mit Gott leben wollen. Man kann es auch biblisch korrekt ausdrücken: In den Himmel kommen nur Menschen, die in der Heiligung leben, sonst würde es im Himmel so weitergehen wie hier auf der Erde! Aber genau das darf und wird nicht passieren.

Jeder Mensch erlebt die Konsequenzen seines Handelns. Das gilt für alle Lebensbereiche, im Guten wie im Schlechten. Wenn ich mein Haus renoviere, dann kann ich mich an dem Ergebnis freuen, genauso, wenn ich ein Bild male, oder ein Buch schreibe. Genauso im Schlechten. Denk einmal darüber nach. Auch deshalb gibt es so viele Krankheiten und Seuchen in der Welt. Wer etwas Schlechtes isst, dessen Magen rebelliert unweigerlich und das ist heilsam. Aber das hat seine Grenzen! Wer zu viel Gift isst, der stirbt! Langsam oder schnell, je nachdem. Die ganze Welt ist mittlerweile verseucht. Die Luft, das Wasser, die Nahrung. Und wir leben zu schnell. Der Stress nagt an uns, dazu gibt es vieles, was uns nervt, viele Bereiche in denen wir nicht in Harmonie mit Gottes Geboten leben mit allen Konsequenzen. Diese Welt geht langsam aber sicher ihrem Untergang entgegen. Wir, als Christen, sind mittendrin! Wir müssen begreifen, dass dies der Weg der Welt ist, den wir Menschen eingeschlagen haben und den auch wir mit unseren Taten und Worten weiter ausgetrampelt haben. Jeder ist irgendwie davon betroffen und mitschuldig.

Viele warten darauf, dass Gott in seiner Liebe und Allmacht eingreift und alles besser macht. Und Gott wird das auch tun! Er hat angekündigt, dass er in Jesus Christus wieder kommen wird. Dann werden zuerst die Toten auferstehen, die an Jesus geglaubt haben und in Harmonie mit Gott gelebt haben. Auch diejenigen, die gerade am Leben sind und an Jesus glauben, werden mit ihm in Gottes neue Welt mitgehen. Dort wird es kein Leid mehr geben, keine Krankheit, keine Tränen und keinen Tod. Denn dort werden nur Menschen sein, die in Harmonie mit Gott leben. Gott wird also eingreifen! Er wird alles Leid und alle Krankheit beenden! Tote werden auferstehen und Kranke völlig geheilt werden. Auch im Hinblick auf dieses noch ausstehende Ereignis müssen wir Gott verstehen, wenn er uns sagt, dass er unser Arzt ist. In diesen kommenden Ereignissen kommt das Arztsein Gottes zur vollen Entfaltung.

„Und Gott wird abwischen alle Tränen von ihren Augen, und der Tod wird nicht mehr sein, noch Leid noch Geschrei noch Schmerz wird mehr sein; denn das Erste ist vergangen.“ Offenbarung 21,4

„Denn siehe, ich will einen neuen Himmel und eine neue Erde schaffen, dass man der vorigen nicht mehr gedenken und sie nicht mehr zu Herzen nehmen wird.“ Jesaja 65,17

Gottes Wort sagt uns in aller Deutlichkeit, wer in Gottes neuer und ewiger Welt dabei sein wird.

„Hier ist Geduld der Heiligen! Hier sind, die da halten die Gebote Gottes und den Glauben an Jesus!“ Offenbarung 14,12

Ich möchte einige wichtigen Punkte noch einmal betonen und hervorheben, die für das Verständnis von Krankheit und Heilung wichtig sind:

- Gottes Ziel mit dieser Welt ist nicht der „Himmel auf dieser Erde“, und „Heilung für alle.“ Diese Welt wird aufgrund der globalen Sünde und deren Folgen untergehen. Diese Welt wird nicht von Gott renoviert, sondern Gott wird ein neues Universum erschaffen, in dem wir leben werden. Wir leben hier im Sonnensystem, aber in Gottes neuer Welt wird es z.B. keine Sonne mehr geben. Gott spricht tatsächlich von einer neuen Welt und einem neuen Raum.

- Wir müssen zwischen Jesu erstem Kommen und zweitem Kommen unterscheiden. Bei seinem ersten Kommen hat Jesus das Heil am Kreuz vollbracht und mit seinen Heilungen und Wundern gezeigt, dass dieses Werk glaubhaft ist. Bei seinem zweiten Kommen wird dieses Werk in seiner ganzen Fülle bei denen verwirklicht, die Jesus geglaubt haben und wieder in Harmonie mit Gott leben.

- Das perfekte Leben in Liebe und ohne Leiden war schon im Paradies möglich, es wäre im Prinzip auch nach dem Kreuz möglich gewesen, aber Gott sah voraus, dass es nicht so kommen wird. Weil Gott keine illusionistischen Ziele verfolgt, arbeitet er nicht an einem „Weltfrieden“, sondern er verfolgt sein ewiges Ziel : Das Reich Gottes, in welchem Gerechtigkeit herrscht.

- Diese Weltzeit der Leiden ist nicht ein Plan B, weil die ersten Menschen im Paradies gesündigt haben, sondern es ist der einzige Weg, den Gott voraussah, der zu seinem Ziel führen wird.

- Man kann sagen, dass diese Weltzeit ein Umweg ist, weil wir Menschen den Weg der Sünde eingeschlagen haben, aber Jesus und das Werk am Kreuz sind der einzige Weg zurück zu Gott, dem Vater und dem ewigen Leben bei und mit Gott.

- Es ist nicht Gottes Schuld, dass es Krankheiten gibt, sondern Krankheiten sind eine direkte oder indirekte Folge des globalen Lebens in Sünde.

- Gott ist allmächtig, aber Gottes Liebe setzt seinem Handeln Grenzen. Nur so ist perfektes Leben mit Konsequenzen des Handelns und dem Erleben und Praktizieren von Liebe möglich.

- Gott kann Menschen nicht dazu zwingen ihn zu lieben, sonst würde er das Image eines Diktators in Ewigkeit nicht loswerden und immer wieder würden Menschen gegen ihn rebellieren.

- Gott will, dass wir Menschen freiwillig und aus Überzeugung mit ihm in Harmonie leben wollen. Weil Gott dich liebt hast du einen freien Willen!

- Solange es Sünder und Sünde in dieser Welt gibt, wird es auch Krankheiten geben, von denen wir beeinflusst und angesteckt werden können.

- Alle Krankheiten und Leiden werden dann ein Ende haben, wenn Jesus wieder kommt und das ewige Leben mit allen Konsequenzen losgeht.

- Bis dahin ist der Tod eine Grenze für Leiden jeglicher Art, wofür wir Gott im Prinzip dankbar sein sollten.

- Jesus hat die Macht über Leben und Tod. Das heißt nicht, dass er willkürlich umbringt, wen er will, sondern darin liegt die Gewissheit, die Freude und der Friede unseres Glaubens! Wir wissen, dass der Tod nur ein vorläufiges Ende ist, und dass Jesus uns Gläubige auferwecken wird, so dass wir die Ewigkeit mit Gott im vollkommenen Glück erleben dürfen.

Wir müssen Gott und sein Wort umfassend verstehen, um alle Fragen des Lebens aus der richtigen Perspektive zu betrachten. Wir können das Thema Krankheit, Leiden, Sterben, Tod und Heilung nicht annähernd richtig verstehen, wenn wir sie aus dem Zusammenhang lösen. Deshalb war mir diese Grundlage wichtig.

Kapitel 3

Wird die Menschheit alle Krankheiten besiegen?

Jesus hat das Ende der Welt angekündigt, und als eines von vielen anderen Zeichen für das nahe Ende auch die Zunahme von Krankheiten und Seuchen genannt.

"Und es werden geschehen große Erdbeben und hier und dort Hungersnöte und Seuchen." Lukas 21,11

Vor 150 Jahren hatte die Welt für solche Bibelstellen nur Spott und Hohn übrig, denn der Fortschritt ließ viele Menschen glauben, dass nun der Himmel auf Erden sein wird. Bei der ersten Expo gegen Ende des 19. Jh. sagte der Redner:

> Unser Glaube wird den Frieden in das kommende Jahrhundert bringen – Unser Glaube an die Wissenschaft und Technik.

An Gott wollten viele nicht mehr glauben. Aber nun war man aufgeklärt! Die Philosophen sagten „Gott ist tot!" Und die Politiker prophezeiten „den Himmel auf Erden." Man hatte beachtliche Fortschritte auf allen Gebieten vorzuweisen und bildete sich ein, dass man nun den Himmel auf Erden herstellen wird. Technischer und medizinischer Fortschritt wurde euphorisch dahin gedeutet, dass wir Menschen nun alles Leid der Welt in den Griff bekommen werden. Aber hat der „Glaube an die Wissenschaft und Technik" den Frieden in das kommende Jahrhundert gebracht? Das „kommende zwanzigste Jahrhundert" wurde das abartigste von allen! Jeder Fortschritt wurde genutzt um Menschen zu unterdrücken und zu vernichten. Fortschrittliche Kriegstechnik prägte beide Weltkriege, Giftgas, Gaskammern, Atombomben mit Millionen leidenden und toten Menschen! Und heute? Wir haben mehr pädagogisches Wissen als je zuvor und die Gefängnisse sind voller als je zuvor! Wir haben mehr Medizin als je zuvor und die Menschheit ist kranker als je zuvor. Bis heute kommen behinderte Kinder in Vietnam auf die Welt, weil dort im Krieg Giftgas ganze Regionen nachhaltig verseucht hat. Tschernobyl, Fukushima, verseuchte Luft, verschmutztes Wasser, belastetes Essen, ... Jesus hat mit seinen Aussagen in der Endzeitrede recht behalten. Es ist nicht nur so, dass es Krankheiten und Seuchen gibt, sondern die ganze Welt ist verseucht, krank und geht ihrem Ende entgegen.

„Denn auch die Schöpfung wird frei werden von der Knechtschaft der Vergänglichkeit zu der herrlichen Freiheit der Kinder Gottes. Denn wir wissen, dass die ganze Schöpfung zusammen seufzt und zusammen in Geburtswehen liegt bis jetzt.“ Römer 8,21-22

Paulus greift hier den Vergleich Jesu mit den Wehen einer schwangeren Frau auf. Das Bemerkenswerte an Jesu Worten ist, dass er die Zunahme der Seuchen, Krankheiten und Katastrophen mit „Wehen“ vergleicht. Das Merkmal von Wehen ist, dass sie zur Geburt hin in immer kürzeren Abständen kommen und immer heftiger werden. Und genau das können wir in der Welt beobachten. Krankheiten entstanden bereits früh in der Menschheitsgeschichte, und es gab sie immer. Wenn man sich aber die Diagramme und Statistiken für Katastrophen, Krankheiten und Seuchen ansieht, dann haben wir in den letzten Jahren einen Anstieg um mehrere hundert Prozent steil nach oben! Ich könnte jetzt anfangen eine Menge Krankheiten aufzulisten, dazu Seuchen, aber damit könnte man mehrere Bücherbände füllen. Ich denke, wer die Nachrichten verfolgt, der liest, sieht und hört ständig, was Jesus damals vorhergesagt hat. Es wird immer schlimmer. Ich möchte nicht als Schwarzmaler auftreten und ich weiß, dass Menschen lieber schöne und hoffnungsvolle Worte lesen. Aber wir müssen uns hier bewusst machen, dass das was Jesus sagt, die Wahrheit ist. Er lebte nicht in Illusionen und er macht uns keine falschen Hoffnungen! Es wird keinen Frieden auf Erden geben und auch keine Heilung für alle. Im Gegenteil es wird immer schlimmer werden, nicht weil Gott das so will, sondern weil es die Konsequenzen unseres globalen gottlosen Lebens sind. Gott hat vorausgesehen, dass es so kommen wird, und deshalb hat er es auch genauso vorhergesagt. Wir Menschen werden die Krankheiten nicht besiegen, aber Gott sei Dank hat Gott uns angekündigt, dass er allen Krankheiten und Leiden ein Ende machen wird, wenn Jesus wieder kommt und uns zu sich nimmt.

Jesus hat das Erlösungswerk am Kreuz vollbracht. Das heißt,

- ...dass Jesus für uns gelitten hat, damit wir nicht mehr bekommen, was wir verdienen.
- ...dass wir in Jesus Gottes Liebe zu uns erkennen können.
- ...dass wir durch Jesus erkennen können, wie wir mit Gott leben sollen, und dass wir ohne Gott verloren gehen.
- ...dass wir durch Jesus zu Gott umkehren können und sollen.
- ...dass Jesus uns das ewige Leben bei Gott ermöglicht.
- ...dass für den Glaubenden Sünde, Tod und Teufel besiegt sind. Der Glaubende weiß, dass diese drei „Dinge" ihn nicht vom ewigen Leben abhalten werden, weil Jesus über diese 3 Dinge gesiegt hat.
- ...dass das, was Jesus am Kreuz vollbracht hat, in seiner Fülle erst erfahrbare Realität wird, wenn Jesus das zweite Mal wiederkommt. Bis dahin leben wir in der Gewissheit des Glaubens und mit der lebendigen Hoffnung auf Jesu Wiederkunft. Aber bis dahin sind wir weiterhin in dieser Welt! Wir sind noch nicht außerhalb des Einflussbereiches von Sünde, Leiden, Krankheiten oder Anfechtungen Satans. Mit Gottes Hilfe können wir den Anfechtungen und den Versuchungen der Welt widerstehen und Sieg über Sünde bekommen und behalten. Aber die völlige Freiheit werden wir wohl erst in Gottes neuer Welt erfahren, wo es keinen Satan, keine Sünder, keine Sünde und deshalb auch keine Versuchungen mehr gibt.

Aber wie steht es mit dem Thema Krankheit? Ist es so, wie manche Prediger behauptet haben, dass man als Christ in dieser Welt nicht krank sein kann? Ist es so, dass Gott jetzt und hier alle heilt, wenn wir nur glauben? Wir werden uns diesen Punkten gleich zuwenden.

Mir war es erst einmal wichtig, den großen Rahmen zum Thema Heilung aufzuzeigen. Diese Punkte sollten sitzen, denn wenn wir sie nicht beachten, gehen wir beim Thema Heilung in die Irre. Wir sollen Gottes Liebe und Gottes Ziel verstehen, wir müssen begreifen, dass es keinen Himmel auf Erden geben wird, sondern dass Gott eine neue ewige Welt erschaffen wird, in der es kein Leid mehr gibt. Wir müssen zwischen dem ersten und zweiten Kommen Jesu unterscheiden. Ohne diese Informationen neigen wir dazu, uns vor dem Tod zu fürchten.

Wir sollten nicht vergessen, dass Jesus die Toten auferwecken wird! Diese Tatsache ist doch eine gewaltige Erleichterung und je mehr wir begreifen, was das herrliche Ziel Gottes mit uns ist, desto mehr verliert der Tod seinen Schrecken. Er weicht der Vorfreude auf Gottes Herrlichkeit im ewigen Leben.

Nun wollen wir uns weiteren Punkten zum Thema Heilung zuwenden.

Kapitel 4

Wunder als Beweis für Gottes Existenz und Wort

Gott hat diese Welt mit Gesetzen und Grenzen geschaffen. Es gibt z.B. die Naturgesetze die in Kraft treten, wie z.B. die Schwerkraft und es gibt menschliche Grenzen der Fähigkeiten und Möglichkeiten. Wunder konnten deshalb seit jeher als „Hinweis" auf Gott verstanden werden, denn bei einem Wunder werden menschliche Fähigkeiten und Möglichkeiten übertroffen und natürliche Grenzen überschritten. So kann man auf Gott rückschließen. Wenn ein unheilbar Kranker augenblicklich geheilt wird, dann ist das ein Wunder, weil es nicht in der menschlichen Fähigkeit liegt, ihn zu heilen.

Alle Wunder kann man in zwei Kategorien einteilen. Sie haben entweder etwas mit Allmacht, oder mit Allwissenheit zu tun. Diese beiden Kategorien liegen nicht in menschlicher Kraft und Fähigkeit. Gott hat immer wieder aus verschiedenen Gründen Wunder vollbracht. Einer ist, dass Menschen dadurch auf Gott rückschließen können um so Gottes Wort ernst zu nehmen. Immer wieder heilte Jesus Menschen, die durch das Wunder hellwach werden sollten für das, was Jesus über Gott zu sagen hat. Bis heute ist es so, dass Menschen durch erlebte Wunder wach werden. Da gibt es viele interessante Berichte. Ich predigte einmal in einer tschechischen Stadt auf der Straße, als ein Mann und eine Frau sich auf eine Bank setzten, etwas aßen und zuhörten. Ich bat Gott mir die richtigen Worte für diese beiden zu geben und hatte plötzlich den Eindruck verschiedene Wunder zu berichten, die Bekannte und ich erlebt hatten. Sie hörten aufmerksam zu und kamen dann an unseren Tisch. Der Mann berichtete mir, dass er ein atheistischer Professor war, der aber neuerdings an Gott glaubt! Er hatte vor kurzem nachts einen schweren Autounfall in einem abgelegenen Wald, an dem nicht mal am Tag Autos fahren. Er wäre innerhalb kurzer Zeit im Auto verblutet, aber es war sofort Hilfe da! Die ganze Geschichte mit ihren Umständen war derart abgelaufen, dass er nicht mehr daran vorbeikam, an die Existenz Gottes zu glauben. Und dann sitzt er da und hört einen Mann über Wunder Gottes predigen?! Er war offen und interessiert an Gottes Botschaft, nahm Literatur mit und kam auch zu dem Vortrag am kommenden Tag. So kann es gehen! Wunder können wachrütteln und Interesse wecken! Aber Vorsicht! Ein Wunder alleine vermittelt keine Informationen! Dieser Professor wurde durch das Wunder wachgerüttelt für die Tatsache, dass Gott existiert. Aber mehr erfährt er durch das Wunder nicht! Welcher Gott hat mich gerettet? Gibt es einen Gott oder mehrere? Und warum wurde ich gerettet? Weil ich ein besonders guter Mensch bin? ... Wir sehen hier schon, dass ein Wunder alleine zwar den Glauben wecken kann, aber dann ist die Frage: „Was soll man glauben?“ Es ist dann wichtig, dass ein fragender und suchender Mensch auch die richtigen Antworten auf seine Fragen bekommt, sonst läuft er Gefahr, das Falsche zu glauben! Deshalb war es wichtig für ihn, dass er uns auf dem Marktplatz traf, dass er die Literatur bekam, und dass er zu den Vorträgen kommen konnte. Auch dass er persönliche Kontakte fand, damit ihm weitergeholfen wird, Gott besser kennen zu lernen.

Es besteht hier kein Automatismus vom erlebten Wunder hin zum persönlichen Glauben. Ich kenne einige Geschichten, wo es leider anderes lief. Ein Mitarbeiter von mir betete für einen Mann auf einem Musikfestival, der auf Krücken gestützt, daherkam. Er war augenblicklich geheilt, aber wollte nichts von Jesus wissen und ging einfach weg! Das habe ich mehrere Male erlebt. Jesus selber heilte unzählige Menschen. Aber was war das Resultat? Von 10 Aussätzigen, die Jesus einmal heilte, kam nur einer zurück und wollte „mehr von Jesus als nur Heilung.“ Andere erlebten Heilungen und interpretierten, dass Jesus aus Satans Kraft heilt, und wollten ihn dann umbringen! Da sehen wir, dass Wunder alleine zwar ein Hinweis auf Gott sein können, aber erstens hat jeder Mensch eine freie Wahl und es besteht kein Automatismus, dass Menschen dann auch an Gott glauben. Selbst wenn es so ist, heißt es nicht, dass sie dann auch das Richtige glauben! Viele glauben zwar an Gott, aber sie glauben Falsches! Damit interpretieren sie auch die Wunder falsch! Manche glauben an den Namen Jesu, wie die Menschen, die Jesu Wunder hautnah erlebten, aber sie glaubten Dinge, die es Jesus unmöglich machte, sich ihnen anzuvertrauen!

„Als er aber am Passafest in Jerusalem war, glaubten viele an seinen Namen, da sie die Zeichen sahen, die er tat. Aber Jesus vertraute sich ihnen nicht an; denn er kannte sie alle und bedurfte nicht, dass ihm jemand Zeugnis gab vom Menschen; denn er wusste, was im Menschen war.“ Johannes 2,23-25

Sie glaubten an den Namen Jesu, aber wenn einer an den Namen Jesu glaubt, dann heißt das noch lange nicht, dass er mit dem Namen Jesu auch das Richtige verbindet! Diese Menschen hier erlebten Jesu Wunder, aber sie verbanden mit Jesus falsche Vorstellungen. Sie erwarteten von Jesus, dass er sie von den Römern befreit, manche wollten von Jesus nicht mehr als eine Verbesserung der Lebensqualität durch Heilung oder andere Wunder. Sie waren aber nicht an dem interessiert, was Jesus in der Tiefe wollte! Da sehen wir: Nicht jeder, der an den Namen Jesu glaubt, glaubt richtig und ist gerettet. Dazu nachher mehr.

Jesus hat Heilungen und Wunder zwar so eingesetzt, dass sie Glauben wecken, fördern und fordern, aber er war sich völlig im Klaren darüber, dass Wunder auch den gegenteiligen Effekt haben können wenn Menschen mit einseitigen oder gar falschen Lehren leben. Deshalb ist es so wichtig, dass wir den eigentlichen Gottesbeweis kennen.

Der Gottesbeweis, den Gott uns logisch denkenden Menschen gibt, ist die Tatsache, dass Gott entscheidende Ereignisse der Weltgeschichte vorhergesagt hat, und sie treffen ein. Darin können wir Gottes Allwissenheit und Allmacht erkennen. Vorsicht: Gottes Allmacht zeigt sich nicht in allen Erfüllungen von Gottes Vorhersagen, denn manche Erfüllungen entspringen nicht Gottes Willen und Handeln. Man könnte meinen, dass Gott all das, was er vorhersagt, auch will, aber das ist nicht so! Gott hat viele Dinge vorhergesehen, die er nicht wollte, aber es sind Folgen unseres Lebens in Sünde, wie z.B. Fehlentwicklungen in der Kirchengeschichte. Gott hat auch die Zunahme von Krankheiten, Seuchen und das Ende der Welt vorhergesagt, aber das heißt nicht immer, dass er das will. Aber es gibt Dinge, die Gott lenkt und tut, damit er sein ewiges Ziel mit uns Menschen erreicht. In der Tatsache, dass z.B. die vier Weltreiche in der richtigen Reihenfolge angekündigt waren, ihr Aufstieg und ihr Niedergang, darin können wir sehr wohl Gottes Allwissenheit und Allmacht erkennen. Gott hat vor Grundlegung der Welt vorhergesehen was passieren wird, und er verfolgt sein ewiges Ziel. Er wird es auch erreichen! Und weil Gott diese Dinge vorhergesehen hat, deshalb kann er sie auch vorhersagen. In der Bibel gibt es 31176 Bibelverse und davon haben 6408 Verse etwas mit ***„Allwissenheit“*** und ***„Allmacht“*** zu tun. Wir nennen sie Verse mit prophetischem Inhalt. Die Tatsache, dass Gottes Vorhersagen in Erfüllung gehen, reicht, um die Schriften der Bibel als Gottes Wort zu erkennen und anzuerkennen. Der logisch und vernünftig denkende Mensch wundert sich darüber, weil er begreift, dass dies menschenunmöglich ist. Er begreift, dass der Allwissende und Allmächtige hinter der Bibel steht. Daran können wir sehen, dass die Bibel auf der einen Seite ein altes Buch ist, aber auf der anderen Seite ist sie aktueller als jede Tageszeitung! Wer sich mit diesem Thema ausführlicher beschäftigen will, dem empfehle ich mein Buch „Der Gottesbeweis.“

Ein kleines Beispiel, wie ich dieses Wunder erlebt habe, möchte ich dir geben. Damit du das Wunder genauso erleben kannst. Ich habe einmal eine Fernsehreportage gesehen, in der Reporter berichteten, dass es mittlerweile mehr als 1000 Menschen weltweit gibt, die von sich behaupten, dass sie Jesus Christus seien. Sie gründen Sekten und verführen Menschen. Ich griff nach meiner Bibel und schau, was Jesus da vor 2000 Jahren sagte: ***„Es werden viele kommen unter meinem Namen und sagen „Ich bin der Christus“ und werden viele verführen.“*** Matth. 24,5

Darüber kann man sich wundern! Als Jesus dies als Fehlentwicklung angekündigt hat, da gab es noch keinen wiedergeborenen Christen auf der Welt! Es gab keine Kirche oder Missionsgesellschaft! Aber heute ist es globale Realität! Hier werden wir mit Allwissenheit konfrontiert.

Wer diesen Zusammenhang begreift, der braucht keine weiteren Wunder mehr, um an Gott zu glauben, denn größere Wunder gibt es nicht als die Tatsache, dass biblische Vorhersagen in Erfüllung gehen. Bis heute und auch in Zukunft, denn es handelt sich teilweise um Wunder mit globalem Inhalt, wie z.B. die Vorhersage der 4 Weltreiche. Jeder, der die Weltgeschichte kennt und dann erfährt, dass die 4 Weltreiche zuvor angekündigt waren, der wundert sich!

Es ist sogar so, dass z.B. eine göttliche Heilung diesen „Gottesbeweis“ nicht ersetzen kann, denn nur dieser Gottesbeweis führt uns direkt an die Informationen in der Bibel, die wir brauchen! Alle anderen Wunder können zu Spekulationen und Illusionen führen, so wie Jesus es oft erlebt hat. Einmal forderten Menschen ein Zeichen von Jesus, aber Jesus gab ihnen zu verstehen, dass selbst die Auferweckung eines Toten nichts bringt, wenn sie nicht den Propheten der Bibel glauben.

„Er sprach zu ihm: Hören sie Mose und die Propheten nicht, so werden sie sich auch nicht überzeugen lassen, wenn jemand von den Toten auferstünde.“ Lukas 16,31

Und da ist was dran. Wenn ein Wunder geschieht, dann könnte man es so, oder anders interpretieren. Wer hat den Toten auferweckt? Jesus? Oder war es Baal oder Buddha, oder gar Satan persönlich, der ihn auferweckt hat? Und wie sollen wir das deuten? Wurde er auferweckt, weil er es verdient hat? Weil er ein besserer Mensch war als alle anderen? Oder will uns Satan hier verführen? ... Wir sehen also, dass ein Wunder, egal wie gewaltig es ist, immer auch Probleme mit sich bringen kann, wenn man Gottes Wort nicht kennt und versteht. Das hat Jesus ja immer wieder erlebt und gerade deshalb kommt hier der Hinweis Jesu auf die Propheten.

Mancher wird denken, dass es doch völlig egal ist, welcher Gott hier geheilt hat, „Hauptsache er ist geheilt!“ Aber so einfach ist es nicht. Es ist Gott nicht egal, was wir glauben, denn das, was wir glauben, hat Auswirkungen auf unser Leben und Handeln! Manche „glauben“ an Gott und meinen, dass sie sich und andere in die Luft sprengen müssen, um ins Paradies zu kommen! Da sehen wir: Es ist völlig irrsinnig zu behaupten, dass es egal ist, an welchen Gott wir glauben, „Hauptsache man glaubt.“ Gott will nicht nur, dass wir an ihn glauben, sondern dass wir das Richtige über ihn glauben und das Richtige über seine Ziele mit dem Leben und der Welt, und das Richtige über Gottes Liebe, Moral und Gesetz. Auch das Richtige über Jesus und über uns. Nur so können wir Gott erkennen und in Harmonie mit ihm leben. Was hat Gott davon, wenn wir an ihn glauben aber mit falschen Vorstellungen über ihn, die Welt und uns leben? Dann wird die Welt weiterhin ruiniert wie bisher, und Gott kommt seinem Ziel keinen Schritt näher! Wir müssen uns bewusst machen, dass Satan ja auch an Gott glaubt, aber er will nicht in Harmonie mit ihm leben! Da liegt das Problem und genau darin müssen wir uns von Satan unterscheiden, wenn wir in Gottes neue Welt kommen wollen.

Das Wunder in Gottes Wort muss deshalb zuerst erkannt werden. Die Tatsache von Vorhersagen und Erfüllungen konfrontiert uns konkret mit Allwissenheit und Allmacht und überlässt uns nicht unseren Spekulationen und Interpretationen. Sondern führt uns direkt zu Gottes Wort und den göttlichen Informationen, die wir durch den Gottesbeweis als glaubhafte Wahrheit erkennen und anerkennen können. Nur auf der Grundlage von Gottes Wort werden wir dann auch weitere Wunder, wie z.B.Heilungen, richtig einordnen. Wenn wir aber nicht auf der Grundlage des Wortes Gottes stehen, laufen wir Gefahr, von Gott und Wundern etwas Falsches zu erwarten. Oder wir gehen mit Krankheit und Heilung falsch um, oder wir laufen Gefahr einseitigen Wahrheiten oder gar Irrlehren auf den Leim zu gehen...

Es ist deshalb sehr wichtig den Gottesbeweis im Wort Gottes zu kennen. Wenn also jemand sagt, dass er ein Wunder erleben will, damit er an Gott glauben kann, dann ist es absolut biblisch, wenn wir ihn auf den Zusammenhang von Prophezeiung und Erfüllung aufmerksam machen, so wie Jesus es auch tat. Jeder Mensch wird sich wundern, wenn er deutlich sieht, wie konkret biblische Vorhersagen in Erfüllung gehen! Wir müssen die Schriften und Propheten kennen, dann geht uns ein Licht auf. Wer sieht, wie konkret und detailliert biblische Vorhersagen in Erfüllung gegangen sind, und auch in Erfüllung gehen, der hat darin die Grundlage um Gottes Wort zu glauben. Ein Wunder „aus heiterem Himmel“ dagegen muss nicht immer zum Glauben führen. Aber nachher mehr dazu.

Nun will ich aber in diesem Kapitel Heilungswunder nicht kleinreden. Beide Arten von „Wunder“ haben ihren Nutzen und ihren Sinn. Doch selbst in christlichen Kreisen wird selten begriffen, dass Prophezeiung und Erfüllung der Beweis für Gott, seine Allmacht und Allwissenheit sind! Wenn ich Vorträge darüber halte, dann staunen Menschen immer darüber und fragen sich, warum man ihnen diese Zusammenhänge nicht früher gezeigt hat? Diese Zusammenhänge reichen als Gottesbeweis aus, und man kann sie jedem auf der ganzen Welt zeigen. Hier haben wir ein starkes Argument und einen logisch nachvollziehbaren Beweis für all diejenigen, die sagen: „Ich würde an Gott glauben, wenn ich ein Wunder erleben würde.“

Kapitel 5

Heilungen als Hinweis für geistliche Tatsachen

Als Gott in Jesus auf diese Welt kam, da erlebte er alles an Leiden und Ungerechtigkeiten, was es nur zu erleben gab. Sein Volk wurde von den Römern besetzt und unterdrückt, er erlebte Entbehrung, harte Arbeit, und er war von klein auf mit kranken und sterbenden Menschen umgeben. Als Jesus dann öffentlich aufzutreten begann, hatte er tiefes Mitgefühl für die Kranken, und er heilte aus Barmherzigkeit. An einer Stelle, als ein Aussätziger auf Jesus zukam, müssten wir aus dem griechischen Urtext übersetzen, dass es Jesus den Magen umdrehte. So stark war das Elend des Kranken und das emotionale Mitgefühl Jesu für diesen Menschen, als er dessen Not sah. Gottes Arztsein beschränkt sich nicht nur auf Gottes Fähigkeit zu heilen, sondern Heilung ist eine Herzenssache Gottes.

Für einen Aussätzigen war der Ausbruch der Krankheit das Ende von allem. Diese Krankheit war unheilbar und ansteckend. Die Haut und Glieder fingen an abzusterben. Ein ekelerregender und grauenvoller Tod war das unausweichliche Ende. Zu allem Übel musste der Erkrankte getrennt von Freunden und seiner Familie leiden und sterben. Er musste beim Ausbruch der Krankheit seine Familie und seinen Wohnort augenblicklich verlassen. Viele von ihnen lebten außerhalb der Ortschaften in Höhlen und durften nie wieder in die Nähe der Gesunden kommen. Getrennt von allem, was einem lieb ist, waren sie ohne Hoffnung in dieser Welt dem Tod ausgeliefert. So wurden die Krankheiten zu den gewaltigsten Beispielen und Parallelen für die geistliche Situation, in der wir Menschen sind. Wir sind „todkrank" in Sünde und gehen der ewigen Verdammnis entgegen, dem ewigen und zweiten Tod, wie die Bibel das nennt. Durch unsere Sünde sind wir, wie die Aussätzigen, von Gott und allen anderen heiligen Wesen des Himmels getrennt! Dazu scheiden uns unsere Sünden von unseren Mitmenschen, denn Sünde hat immer das Potential und die Tendenz Beziehungen zu zerstören. Sie führt mehr und mehr in die Isolation. Wir sind als Sünder ohne Hoffnung in dieser Welt und sterben langsam aber sicher und werden dann auf ewig getrennt von Gott bleiben. Die Heilungen Jesu haben damit auch eine geistliche Bedeutung. Als Jesus den Aussätzigen heilte, da gab er ihm nicht nur die Gesundheit wieder, sondern auch seine Eltern, seine Familie und Freunde, seine Arbeit und sein ganzes Leben! So ist das auch mit uns. Durch Jesu Opfer und Vergebung der Sünden können wir wieder zurück zu Gott, unserem Vater! Wir werden wieder von Gott und dem Himmel angenommen! Wir dürfen ***„nach Hause“*** kommen! Weil wir durch ***„seine Wunden geheilt“*** sind. Wir waren ***„tot in Sünden“***, aber nun dürfen wir ein neues Leben beginnen! Es gibt nichts Wichtigeres als das ***„Heil“*** in Christus!

Wenn Jesus geheilt hat, dann hatte das auch immer eine starke Symbolkraft! Jesus heilte Blinde und Taube und sagte immer wieder zu den ***„Gesunden“***: ***„Ihr seht, aber ihr seht nicht – ihr hört, aber ihr hört nicht!“*** Damit gab er ihnen zu verstehen, dass sie blind und taub für Gott sind. Sie ***„sahen“*** nicht ein, was Gott wirklich will! Sie waren blind für das Wichtigste in Gottes Wort und Gesetz, sie waren taub für Gottes Reden durch den Heiligen Geist... Jesus heilte Lahme, Hinkende und das Lahmsein und Hinken ist in der Welt des AT ein bekanntes Beispiel für das unentschlossene hin und her Schwanken zwischen Sünde und Gottes Willen bzw. den lähmenden Folgen der Sünde. Alle Heilungen sind damit auch Hinweise auf die tiefere geistliche Not und Gefahr, in der wir Menschen sind – oft ohne es zu merken.

Die Heilungen und andere übernatürliche Handlungen Jesu sind aber auch ein deutliches Zeichen und ein Beweis dafür gewesen, dass Jesus die Wahrheit über sich, über Gott und über die Menschen sagt. Jeder konnte erkennen, was ein gelehrter Mann zu Jesus sagte: ***„... denn niemand kann die Zeichen tun, die er tut, wenn Gott nicht mit ihm ist!“*** Johannes 3,2

Wenn Jesus heilte, dann hatte das also folgende Gründe:

- Jesus offenbarte durch Heilungen seine göttliche Autorität
- Jesus offenbarte durch Heilungen Gottes Barmherzigkeit
- Die Heilungen sollten immer auch ein Hinweis und Augenöffner für die weitaus schlimmere geistliche Not sein, in der wir Menschen sind, und von der wir geheilt werden müssen.

Auffallend ist in den Evangelien die gewaltige Dimension von Heilungen. Jesus hat teilweise ganzen Ortschaften Heilung gebracht und das immer wieder! Menschen strömten von allen Teilen des Landes herbei um Heilung zu finden und fanden sie durch Jesus Christus. Aber hat Jesus alle geheilt? Heilt Jesus heute alle? Dazu gleich mehr.

Kapitel 6

Gottes Priorität bei Heilungen

Oft habe ich Menschen sagen hören: „Hauptsache man ist gesund!“ Also ich kann bestätigen, dass ich nicht krank sein will und dass ich Gesundheit zu schätzen weiß. Aber ist Gesundheit wirklich das Wichtigste? Einmal heilte Jesus einen Kranken, der 38 Jahre (!) schwer krank war – und schau, was er ihm sagt: ***„Sieh, du bist gesund geworden; sündige hinfort nicht mehr, damit dir nicht etwas Schlimmeres zustößt.“*** Johannes 5,14

Was kann denn schlimmer sein, als 38 Jahre krank zu liegen? Wir werden beim Lesen der Bibel nicht daran vorbeikommen, dass Gott in seinem Wort deutlich von dem Jüngsten Gericht spricht – dem Tag der Abrechnung. Es wird Ehre und Lohn für ein Leben in Harmonie mit Gott geben und für jede gute Tat, aber auch gerechte Strafen für unbußfertige Sünder. Die Sprache, in der dieses Gericht beschrieben ist, kann nicht härter sein. Denn die Härte, mit der manche sündigen, ist nicht zu überbieten. Die Botschaft ist klar. Für harte Sünder wird es in Gottes Gericht harte Strafen geben und mancher würde dabei lieber 38 Jahre krank liegen, als das zu erleiden, was er verdient. Gott wird die gerechten Strafen nach dem Gericht vollstrecken, und davor warnt Jesus den Geheilten hier! Die Botschaft an den Geheilten und an uns ist deutlich! Heilung ist wichtig, aber nicht alles! Es gibt etwas Wichtigeres und das ist die Umkehr von den Sünden, die Vergebung und das Jagen nach der Heiligung, ohne die niemand den Vater sehen wird.

Angesichts der Ewigkeit geht uns vielleicht ein Licht auf. Gesundheit ist für diejenigen das Wichtigste, die sich auf ein Leben hier begrenzen. Wenn mit dem Tod alles aus ist, dann ist Gesundheit und langes Leben wirklich das Wichtigste. Aber da es das ewige Leben bei Gott gibt, müssen wir erkennen, dass es wichtigere Dinge gibt als Gesundheit. Es gibt beim Thema „Göttliche Heilung“ wichtige Prioritäten, die wir beachten sollen. Schauen wir uns ein anderes Erlebnis Jesu an.

„Und siehe, da brachten sie einen Gelähmten zu ihm, der auf einer Liegematte lag. Und als Jesus ihren Glauben sah, sprach er zu dem Gelähmten: Sei getrost, mein Sohn, deine Sünden sind dir vergeben!“ Matth. 9,2

Hier kannst du es sehen:

DIE VERGEBUNG DER SÜNDEN IST WICHTIGER FÜR JESUS ALS KÖRPERLICHE HEILUNG!

Jesus sagt: ***„Was hülfe es dem Menschen, wenn er die ganze Welt gewönne und nähme doch Schaden an seiner Seele? Oder was kann der Mensch geben, womit er seine Seele auslöse?“*** Matth. 16,26

Ohne das Seelenheil in Christus gehen alle Menschen der ewigen Verdammnis entgegen, egal wie gesund sie körperlich sind!

„Und wenn jemand nicht im Buch des Lebens eingeschrieben gefunden wurde, so wurde er in den Feuersee geworfen.“ Offenbarung 20,15

So viele rennen der körperlichen Heilung nach und verstehen nicht, dass sie auf dem direkten Weg in die ewige Verdammnis sind. Ihre Heilung ist ihnen leider wichtiger als die Umkehr zu Jesus Christus und die Heiligung des inneren Wesens! Ein paar Jahre länger auf dieser Erde ist ihnen wichtiger als eine Ewigkeit bei dem lebendigen Gott!

Wir brauchen Vergebung unserer Sünden viel dringender als körperliche Heilung. Wir brauchen Gottes Leitung viel dringender als sofort in bessere Verhältnisse zu kommen. Aber das ist für manche von uns leider nur religiöse Rhetorik und nicht real. Die meisten würden vielleicht sogar sagen: „Jesus, was soll das? Da ist einer gelähmt und vom Leben benachteiligt und du Fundamentalist sprichst ihn auf seine Sünden an?! Was der braucht ist Aufmunterung! Trost! Und wenn du wirklich von Gott gesandt bist, dann heile ihn am besten! Aber lass uns mit dem Gerede von Sünde in Ruhe.“

So oder ähnlich würden moderne Menschen denken. Aber Jesus weiß, was wir wirklich brauchen! Jesus weiß, dass unsere Sünden uns von Gott und seinem Segen trennen! Dass wir aufgrund unserer Sünden auf ewig verloren sind! Bei dem Thema „Heilung“ sollten wir dem Spezialisten vertrauen. Ich möchte dir ein Beispiel erzählen. Ich bin mal mit meiner schmerzenden Hand zur Notaufnahme ins Krankenhaus gegangen und meinte tatsächlich, dass nur eine Kapsel gedehnt ist. Der Arzt machte Röntgenbilder von meiner Hand und teilte mir zu meiner Verwunderung mit, dass mehrere meiner Knochen kompliziert gebrochen sind, und dass sie meine Hand operieren müssen! Damit hatte ich nicht gerechnet. Aber der Arzt muss es ja wissen. Er hat den Röntgenapparat, nicht ich, und er zeigte mir die Bilder, so dass ich die Brüche sah. So ist das mit der Sünde! Viele kommen zu Gott und wollen ein „Trostpflaster" aber Gott teilt ihnen mit, dass sie einen komplizierten Bruch haben! Sie wollen Heilung, aber sie müssen sich anhören, dass sie auf ewig verloren gehen werden, wenn sie nicht umkehren und an Jesus glauben! Wir brauchen mehr als körperliche „Heilung"! Wir brauchen das Heil durch Jesus Christus.

Zurück zu dem Gelähmten: Als sie diesen Gelähmten zu Jesus brachten, sprach Jesus ihn auf die Vergebung der Sünden an, wollte ihm klar machen, worin seine Mission tatsächlich bestand und welches Problem bei diesem Mann wirklich das größte war. Schau mal, was passierte, als Jesus diesem Mann die Vergebung der Sünden anbot: ***„Und siehe, etliche der Schriftgelehrten sprachen bei sich selbst: Dieser lästert! Und da Jesus ihre Gedanken sah, sprach er: Warum denkt ihr Böses in euren Herzen? Was ist denn leichter, zu sagen: Deine Sünden sind dir vergeben! oder zu sagen: Steh auf und geh umher?"*** Matthäus 9,3-5

Hier passiert etwas, was wir heute wohl kaum erleben. Die Religiösen sahen in der Aussage Jesu, nämlich dass **Jesus** die Sünden vergibt, eine Gotteslästerung. Das Verwunderliche ist ja immer wieder, dass die Religiösen damals Wunder über Wunder durch Jesus erlebten, aber das ließ sie kalt! **Was sie in Wallung brachte, war die Tatsache, dass Jesus Sünden vergeben will!** Verstehst du was ich meine? Das Thema Sündenvergebung war wirklich das zentrale Thema und um zu beweisen, dass Jesus die Vollmacht hat, Sünden zu vergeben, deshalb heilte Jesus! Es war aber nicht so, dass Jesus einfach so drauf los heilte, als ob seine Mission darin bestand „Heilung für alle" zu bringen. **Dass Jesus Sünden vergibt - das war der Schock für die Religiösen - nicht nachher die Heilung!** Die Heilungen waren den religiösen Führern damals fast egal! Die wichtigste Frage war tatsächlich: Darf Jesus die Sünden vergeben?

Die Schuldfrage war damals zentral. Versöhnung mit Gott war **das** Thema der Gesellschaft und es ist das Thema Gottes. Nicht zuerst Gesundheit oder gar Fußballturniere! Heute ist das auf den Kopf gestellt. Es interessieren sich nicht mehr viele für die Vergebung der Sünden!

Wer empfindet es heute als Gotteslästerung, wenn einer sagt: „Jesus will deine Sünden vergeben?“ Das sind religiöse Floskeln geworden. Für Gotteslästerung interessiert sich im Christentum keiner, man ist höchstens beleidigt! Wehe du nennst einen „Sünder.“ Man fasst es allgemein als Beleidigung auf, wenn man als Sünder betitelt wird, schaue dir nur mal die aktuelle Debatte um sexuelle Unzucht an. Wehe du nennst etwas konkret „Sünde.“ Aber dass Jesus Sünden vergibt, beschäftigt heute wenige – doch das war damals Sprengstoff!

Die Frage der damaligen Menschen war: Wie kann man wissen, ob Jesus die Wahrheit sagt, Sünden vergeben kann und uns wirklich Gott offenbart? Wie kann man wissen, dass diese Botschaft des ewigen Lebens und des Reiches Gottes glaubhaft ist? Ganz einfach! Gott selber unterschreibt diese Botschaft mit einem göttlichen Zeichen!

JESUS HEILTE DEN GELÄHMTEN UND DAMIT IST DIE BOTSCHAFT DER SÜNDENVERGEBUNG MIT EINEM GÖTTLICHEN TEXTMARKER UNTERSTRICHEN WORDEN!

Durch dieses Heilungswunder konnte jeder begreifen, dass die Informationen von Jesus wahr sind! Weg mit den Interpretationen! Schluss mit den Einbildungen! Hier bekommen wir die Informationen die wahr sind! Das Wunder war der Beweis dafür.

„Damit ihr aber wisst, dass der Sohn des Menschen Vollmacht hat, auf Erden Sünden zu vergeben – sprach er zu dem Gelähmten: Steh auf, nimm deine Liegematte und geh heim! Und er stand auf und ging heim. Als aber die Volksmenge das sah, verwunderte sie sich und pries Gott.“

Matth. 9,6-8

Siehst du die Priorität? Es geht zentral um die Sündenvergebung und um die Frage, wer die Vollmacht dazu hat. Auf dieser Grundlage müssen Prediger das Evangelium verkündigen und zur Umkehr rufen, denn das tat Jesus, wenn er heilte!

„... das Reich Gottes ist nahe. Tut Buße und glaubt an das Evangelium!“ Markus 1,15

„Und Jesus durchzog ganz Galiläa, lehrte in ihren Synagogen und verkündigte das Evangelium von dem Reich und heilte alle Krankheiten und alle Gebrechen im Volk.“ Matth. 4,23

Jesus verkündigte immer zuerst das Evangelium, auch und gerade, wenn es um das Thema Heilung ging! Es ist doch verständlich, dass diese Tatsache nicht in jedem Kapitel der Evangelien wiederholt werden muss. Aber eines sehen wir in dieser Begebenheit deutlich: Wenn Jesus jemanden geheilt hatte, dann war das Ziel noch nicht erreicht!

„Sieh, du bist gesund geworden; sündige hinfort nicht mehr, damit dir nicht etwas Schlimmeres zustößt.“ Johannes 5,14

Sündenvergebung, Umkehr und Annahme bei Gott sind die klare Priorität Jesu und nicht zuerst Heilung. Das große Ziel ist das ewige Reich Gottes!

Die Priorität ist bei Jesus klar.
Auch bei dir?

Kapitel 7

Falsche Erwartungen bei Heilungen

Vorsicht: Die Annahme ist falsch, dass Leute auf jeden Fall zum Glauben kommen, wenn sie ein Heilungswunder erleben. Manche behaupten, dass sie an Gott glauben könnten, wenn sie ein Wunder erleben würden. In manchen Gemeinden ist die Annahme verbreitet, dass die Menschen da draußen umkehren könnten, wenn sie ein Wunder erleben würden. Es ist leicht das zu glauben, aber in der Bibel ist es nicht so gewesen, und meine Erfahrung ist auch eine andere. Eine Nachbarin teilte mir in einem Gespräch mit, dass sie seit langem ein Augenleiden hat, und dass sie an Gott glauben würde, wenn Jesus sie heilt. Sie wollte, dass ich für sie bete. Leider muss ich ehrlich sagen, dass ich einen solchen Eindruck von ihr hatte, dass ich schon ahnte was dann kam. Ich bat für sie und sie ging dann nach Hause. Am kommenden Tag sah ich sie flüchtig, aber ich sprach sie deswegen nicht an. Einen Tag drauf kam sie dann selber und sagte: „Das Augenleiden ist weg, aber dafür gibt es sicher auch eine andere Erklärung." Ich hatte leider den richtigen Eindruck von ihrer Art. Ich konnte nur mit dem Kopf schütteln. Jesus ging es da nicht anders. Jesus heilte viele Menschen, aber was war das Ergebnis? Viele priesen Gott dafür, was vordergründig ja gut war, ABER manche reagierten wie diese Frau oder noch schlimmer! Sie wollten Jesus dafür umbringen, weil sie meinten, dass er aus Satans Kraft heilt! Die meisten, die Wunder mit Jesus erlebten, freuten sich an den Vorteilen, aber wenige dachten konsequent weiter! Wenige interessierten sich für Jesu Botschaft. Wenige nahmen seine Botschaft ernst und kehrten zu Gott um. Wenige waren bereit umzudenken und ihre nationalen und egoistischen Interpretationen über Gottes Wort mit der Wahrheit einzutauschen. Wenige erkannten, was es heißt, wirklich in Harmonie mit Gott zu leben! Viele glaubten an Gott und sahen in den

Wundern Jesu ein „Zeichen“ dafür, dass nun Gottes Friedensreich auf Erden anbricht. Dazu mussten aber die Feinde vernichtet werden, alle geheilt werden,... Aber es ist nicht Gottes Ziel einen Himmel auf Erden zu errichten! Jesus kam nicht als nationaler Messias! Gottes Ziel ist die 2. Welt, denn diese erste Welt wird untergehen! Es wird keine nationale Befreiung geben, es wird keine Heilung für alle geben! Aber viele Menschen hörten Jesus einfach nicht zu. Das ist eigentlich wirklich verwunderlich. Jesus vollbrachte Wunder, und anstatt dass die Menschen dadurch fragend wurden und sich Gedanken über das Evangelium machten, um sich zu ändern, gingen sie völlig in die Irre. Sie blieben bei ihren Vorstellungen und verhärteten diese, anstatt sie aufzugeben. So sahen sie in Jesus den Befreier von den Römern und wollten ihn zum König machen. So „glaubten“ sie zwar an Jesus, aber dadurch kamen sie Gott keinen Schritt näher. Im Gegenteil! Jesus konnte sich ihnen nicht anvertrauen, obwohl sie „an seinen Namen glaubten.“

„Als er aber am Passafest in Jerusalem war, glaubten viele an seinen Namen, da sie die Zeichen sahen, die er tat. Aber Jesus vertraute sich ihnen nicht an; denn er kannte sie alle und bedurfte nicht, dass ihm jemand Zeugnis gab vom Menschen; denn er wusste, was im Menschen war.“ Johannes 2,23-25

Ich habe auch in unserer Zeit einige Menschen getroffen, die „an den Namen Jesu“ glauben. Sie glauben daran, dass alle geheilt werden und reich werden. Aber wo steht das in der Bibel? Auch heute gibt es viele, die „an den Namen Jesu glauben“ aber sie verbinden Falsches mit ihrem Glauben und halten Jesus somit auf Abstand! Wenn Menschen Heilungen erleben und dadurch „an den Namen Jesu“ glauben, dann heißt das noch lange nicht, dass sie das Evangelium verstanden haben und aufrichtig zu Gott umgekehrt sind, um mit ihm und seinem Wort und Gesetz in Harmonie zu leben!

Ein geheilter Mensch ist noch kein geretteter Mensch!

Manche Menschen erlebten Wunder mit Jesus, aber sie interpretierten sie falsch: „Das macht er durch Satans Kraft“ oder: „Jesus ist der Befreier von den Römern!“ Sie glaubten an seinen Namen, aber letztendlich schrien alle: ***„Kreuzige ihn!“*** Wir sehen also deutlich: Die Wunder führen nicht immer zur gewünschten Erkenntnis. Diese Erfahrung hat Jesus gemacht, und diese Erfahrung habe ich auch immer wieder gemacht. Wunder haben nicht zur Erweckung geführt, die wir durch Wunder erwartet haben. Wir müssen zu der Überzeugung kommen, dass Gott schon am besten weiß, wann ein Wunder etwas bringt und wann nicht. Es gibt aber immer wieder gute Gründe für Gott ein Wunder zu wirken, und es gibt gute Gründe, warum er kein Wunder in einer Situation vollbringt. Oft hatten Wunder auch negative Folgen. Der von Blindheit geheilte Mann wurde aus der Gemeinschaft ausgeschlossen (Johannes 9) und Lazarus wollten sie umbringen, nachdem er von den Toten auferweckt wurde.

Es gibt sicher auch solche Situationen, wo Gott in seiner Weisheit und Liebe lieber auf ein Wunder verzichtet, auf jeden Fall hat Jesus immer wieder ein Wunder verweigert.

„Da fingen einige von den Schriftgelehrten und Pharisäern an und sprachen zu ihm: Meister, wir möchten gern ein Zeichen von dir sehen. Und er antwortete und sprach zu ihnen: Ein böses und abtrünniges Geschlecht fordert ein Zeichen, aber es wird ihm kein Zeichen gegeben werden, es sei denn das Zeichen des Propheten Jona.“ Matth. 12,38-39

Jesus ahnte, dass ein Wunder in dieser Situation zu mehr Schaden führen würde, also verweigerte er das Wunder. Aber er gab den Zuhörern einen entscheidenden Hinweis auf seine Auferstehung von den Toten! So wie Jona drei Tage im Bauch des Fisches war und zurück zu den Lebenden kam, so würde auch er nach drei Tagen aus dem Totenreich zurückkommen. Als das geschehen war, konnten sich die Zuhörer ihre Gedanken darüber machen, was weitaus lehrreicher war, als ein bloßes Wunder.

Es ist einfach nicht so, dass durch ein Wunder alle Probleme gelöst sind. Es kann sogar sein, dass die Folgen einer Heilung schlimmer sind, als die Krankheit es war. Ich schreibe das deshalb, weil es immer wieder Menschen gibt, die es nicht verstehen, warum Gott in ihrem Fall nicht das erwartete Wunder tut. Aber anstelle an Gott zu zweifeln, sollten wir zu der Erkenntnis kommen, dass Gott es besser weiß, was er tut.

VIELE GLAUBEN AN DIE ALLMACHT GOTTES UND ERWARTEN DESHALB EIN WUNDER, ABER ALLEIN IN GOTTES ALLMACHT KOMMEN WIR NICHT ZUR RUHE. WIR MÜSSEN ERKENNEN, DASS GOTT AUCH LIEBE IST UND AM BESTEN WEISS, WAS IN UNSERER SITUATION DAS RICHTIGE IST. NUR DARIN WERDEN WIR ZUM INNEREN FRIEDEN FINDEN.

Wir halten also fest: Jesus heilte aus Barmherzigkeit, aber körperliche Heilung war nicht das Ziel seiner Mission. Somit wurden die körperlichen Heilungen immer wieder ein Hinweis darauf, dass seine Botschaft glaubhaft ist.

Aber Vorsicht: Wir haben auch gesehen, dass Wunder oft nach hinten los gingen und dass Jesus immer wieder Wunder sogar verweigert hat.

Kapitel 8

Hat Jesus alle geheilt?

Ich habe Redner auf „Heilungsveranstaltungen“ sagen hören, dass Jesus immer alle Menschen geheilt habe. Es gibt auch einige Bibelstellen, in denen es klar steht, dass Jesus in gewissen Situationen oder an gewissen Orten „alle“ geheilt hat. Aber Vorsicht. Es gibt auch andere Bibelstellen, an denen wir wieder deutlich sehen, dass Jesus nicht alle geheilt hat, sondern dass er eine andere Mission und Priorität hatte.

„Am Abend aber, als die Sonne untergegangen war, brachten sie zu ihm alle Kranken und Besessenen. Und die ganze Stadt war versammelt vor der Tür. Und er half vielen Kranken, die mit mancherlei Gebrechen beladen waren, und trieb viele böse Geister aus und ließ die Geister nicht reden; denn sie kannten ihn. Und am Morgen, noch vor Tage, stand er auf und ging hinaus. Und er ging an eine einsame Stätte und betete dort. Simon aber und die bei ihm waren, eilten ihm nach. Und als sie ihn fanden, sprachen sie zu ihm: Jedermann sucht dich. Und er sprach zu ihnen: Lasst uns anderswohin gehen, in die nächsten Städte, dass ich auch dort predige; denn dazu bin ich gekommen. Und er kam und predigte in ihren Synagogen in ganz Galiläa und trieb die bösen Geister aus.“ Markus 1,32-39

Jesus hatte dort die gute Nachricht Gottes verkündigt und Menschen geheilt, um seine Botschaft zu unterstreichen. Die Nachricht von den Heilungen machte die Runde und am kommenden Tag brachten Menschen Kranke von überall mit der Hoffnung zu ihm, dass Jesus auch sie heilt. Aber Jesus zog es vor, weiter zu ziehen, um Gottes Wort auch an anderen Orten zu verkündigen. Man muss sich das mal vorstellen. Welche Mühe hatten Menschen hier aufgewandt um ihre Kranken zu bringen? Welche Strapazen haben die Kranken auf sich genommen, um zu Jesus zu kommen? Das ist extrem ernüchternd. Sie kamen umsonst. Sie wurden enttäuscht und blieben krank. Vielleicht kamen dadurch einige auf andere Gedanken? Vielleicht erinnerten sie sich an die Worte Jesu vom Vortag, an denen er eben nicht Heilung für alle verkündigt hatte, sondern das Evangelium vom Reich Gottes! Vielleicht ging gerade dadurch, dass Jesus nicht alle heilte, einigen ein Licht darüber auf, was wirklich wichtig ist! Was hatte Jesus gepredigt? ***„Kehrt um, denn das Reich der Himmel ist nahe herbeigekommen!“*** Markus 1,15 Eventuell war die Tatsache, dass Jesus eben nicht alle heilte, ein wichtiges Element, damit die Menschen für seine Botschaft wach wurden?

Auf jeden Fall zog Jesus in die nächste Stadt. Gerade hier sehen wir, wie wichtig es Jesus war, alle mit der guten Nachricht zu erreichen. Das war Jesu Mission. Da lag seine Priorität. Wir sehen schon anhand dieser Bibelstelle deutlich, dass es nicht stimmt, was hier und dort gepredigt wird, dass Jesus „alle“ Menschen geheilt hat.

Auch der Apostel Paulus, der selber von Blindheit geheilt worden ist und andere Menschen im Auftrag Gottes heilen durfte, berichtet uns, dass nicht alle geheilt werden.

„Erastus blieb in Korinth, Trophimus aber ließ ich krank in Milet.“ 2. Tim 4,20

„Sagt Paulus zu Timotheus: „Wegen deines häufigen Unwohlseins.“ 1. Tim 5,23 Paulus ließ einen Mitarbeiter krank zurück. Timotheus war magenkrank. Es stimmt einfach nicht, dass alle geheilt werden, die richtig glauben…

Was mir aber noch mehr zu schaffen macht ist der Punkt, dass viele „Redner“ in christlichen Kreisen diese Priorität Jesu nicht anerkennen wollen. Sie predigen Heilung für alle, so als ob dies das Wichtigste sei. Selten habe ich auf solchen „Heilungsveranstaltungen“ das klare und deutliche Evangelium vom Reich Gottes gehört, zu dem zentral die Vergebung der Sünden und die konsequente Umkehr von Satan und Sünde hin zu Gott und der Nachfolge Jesu gehört.

Kapitel 9

Heilt Gott heute noch?

Nun glauben viele Menschen ohne Probleme, dass Jesus damals geheilt hat, aber sie glauben nicht, dass Jesus heute noch heilt. Doch in der Bibel steht: ***„Jesus Christus ist derselbe gestern und heute und auch in Ewigkeit!“*** Hebräer 13,8

Jesus hat sich nicht geändert. Er ist derselbe und er tut dasselbe. Andere glauben, dass Jesus vielleicht nur durch besonders bekannte Prediger heilt, aber auch das ist falsch. Jesus sagte: ***„Diese Zeichen aber werden die begleiten, die gläubig geworden sind: In meinem Namen werden sie Dämonen austreiben, ... Kranken werden sie die Hände auflegen, und sie werden sich wohl befinden.“*** Markus 16,17

Bist du gläubig geworden? Dann darf dies auch deine Erfahrung werden. Jesus hat das gesagt und es stimmt mit der Erfahrung tausender Zeugen zu allen Generationen und in allen Ländern überein, dass Jesus heute noch heilt. Selbst Kinder erleben das. Eine Mutter kam mit ihrer Tochter nach einer Predigt zu mir, und die Tochter hat mir erzählt, wie sie zu der schwerkranken Mutter ans Bett gegangen war und dort für sie gebetet hat. Die damals ungläubige Mutter wurde geheilt und folgt heute Jesus nach. Sie war so froh über den Glauben und Mut ihrer Tochter und so dankbar Gott gegenüber, weil sie geheilt worden war! Ein Vater berichtete mir, dass seine Tochter für eine kranke Schulfreundin gebetet hat, und dass diese augenblicklich gesund wurde.

Jesus lebt! Er ist derselbe und er tut dasselbe wie damals! Viele meiner Bekannten würden schon lange nicht mehr leben, wenn sie nicht durch Gottes konkretes Eingreifen geheilt worden wären. Ein Bekannter von mir war ein Chef des schlimmsten kriminellen Motorradclubs in Deutschland und lag nach einer Überdosis Drogen im Sterben. Der

Notarzt beugte sich über ihn und der Sterbende hörte die Worte: „Wir können nichts mehr für ihn tun." Er lag reglos da und wurde immer steifer, aber innerlich war er wach! Er rief Gott um Gnade an und merkte, wie der Todesprozess stoppte. Er überlebte! Er hat seiner Vergangenheit den Rücken gekehrt. Aus ganz Deutschland kamen die anderen Bosse seiner kriminellen Organisation um ihn zu „überreden" aber er blieb bei seinem Weg. Gott hat ihn gerettet und er hatte ein neues Leben in der Nachfolge Jesu begonnen. Solche Ereignisse geschehen unzählige Male am Tag auf der ganzen Welt.

Zuerst wollen wir einmal auf einige Meinungen derer eingehen, die behaupten, dass es heute keine göttliche Heilung mehr gibt.

Kapitel 10

Urgemeinde & geistliche Urmenschen?

Manche sagen, dass die **„spektakulären Geistesgaben“**, und damit auch Heilungen, nur in der **„Urgemeinde“** vertreten waren und heute nicht mehr. Aber das steht nicht in der Bibel. Wir müssen folgendes erkennen:

Erstens: Es gibt keine Urgemeinde und deshalb auch keine geistlichen „Urmenschen.“ Gott hat nur Kinder und keine „Enkelkinder.“ Gott hat nur eine Gemeinde.

Das Wort „Urgemeinde“ gibt es in der Bibel nicht.

Es gibt die eine, sich ausbreitende Gemeinde Gottes, im Frieden und der Freude - aber auch in der Kraft des Heiligen Geistes!

Damit sind alle Geistesgaben, die am Anfang vom Geist Gottes gewirkt worden sind auch heute noch auf Gottes Tagesordnung. Denn in der Bibel gibt es keinen Hinweis darauf, dass es anders sein sollte, sondern im Gegenteil. Jesus sagt, dass er alle Gewalt im Himmel und auf Erden hat, und dass er bei uns ist bis an das Ende der Welt (Matth. 28).

Achtung: Damit sage ich aber nicht, dass das, was in vielen Kreisen als Geistesgaben praktiziert wird, biblisch ist. Vorsicht! In manchen christlichen Kreisen werden Geistesgaben falsch verstanden, unbiblisch praktiziert, und oft handelt es sich nicht um Wirkungen des Geistes, sondern um Einbildungen, Verführungen, Manipulationen oder sogar gewollten Betrug oder gar Magie! Ich habe das alles erlebt, dazu nachher mehr. Aber es gibt die echten Früchte, Gaben und Wirkungen des Geistes und das kann keiner bestreiten, der die Bibel ernst nimmt und in der Fülle des Geistes lebt. Denn dann erlebt er das, was er in der Bibel liest!

Zweitens: Manche Menschen trennen die Geistesgaben in spektakuläre und unspektakuläre Geistesgaben und behaupten, dass es nur noch die unspektakulären gibt. Aber Vorsicht: Nirgendwo wird in der Bibel zwischen „spektakulären" und „unspektakulären" Gaben unterschieden! Wir müssen bei allem immer von Jesus ausgehen. Und jetzt mache dich mal an die Arbeit mit folgender Frage an die biblischen Berichte.

Hat Jesus sich jemals über ein Wunder gewundert?

Gibt es aus der Sicht des allmächtigen Gottes „spektakuläre Dinge"? Prüfe mal die ganze Bibel und du wirst weder Gott noch Jesus dabei antreffen, dass sie sich jemals über ein Wunder gewundert haben! Wir freuen uns, wenn Gott übernatürlich wirkt, wir sind dankbar, aber denk doch mal nach: Warum sollten wir uns wundern wie solche, die keinen Gott haben? Jesus hat es doch verheißen! Ich erinnere mich an eine Situation. Ich war im Gespräch mit einem Bruder, als direkt neben uns eine junge Frau geheilt wurde. Sie hatte tags zuvor ihre Bänder am Bein gerissen gehabt und hüpfte nach der Heilung vor Freude herum. Wir warfen einen kurzen Blick hinüber, sahen aber keinen Grund darin unser Gespräch zu unterbrechen. Wir freuen uns über Gottes gnädiges Eingreifen, aber warum sollten wir so reagieren, wie solche, die nicht an Gott glauben? Wer wirklich im Glauben etwas von Gott erwartet, der wundert sich nicht, wenn es passiert.

Ungläubige Menschen dagegen „wundern" sich, weil sie nicht mit Gott und seinem Eingreifen gerechnet haben. Ich möchte ehrlich sein: Ich wundere mich nicht mehr über ein Wunder. Vielmehr wundere ich mich, dass Gott nicht immer dort ein Wunder wirkt, wo ich meine, dass es jetzt hilfreich wäre! Ich weiß doch, dass Gott Wunder wirken kann! Ich habe es an anderen Begebenheiten deutlich erlebt! Und warum geschieht jetzt keines?! Darüber wundere ich mich mittlerweile! Aber über ein Wunder Gottes wundere ich mich schon lange nicht mehr. Ich werde nachher darauf eingehen, warum Gott manchmal nicht die Wunder wirkt, die wir vielleicht erwarten. Aber eines nach dem anderen.

Selbst wir Christen leben oft im bloßen Selbstbewusstsein statt im Gottesbewusstsein. Wir begrenzen uns mit „Selbstvertrauen" auf unsere Fähigkeiten und Möglichkeiten. Wir meinen, dass „Bibelwissen“ alles ist, aber es gibt Leute, die 99% der Bibel wissen und nicht 1% glauben. Es gibt andere, die nicht so viel wissen, aber das, was sie wissen, glauben sie. Sie freuen sich, sie handeln, sie strecken sich nach Gott aus und sie erleben Gott, weil sie glauben! Darüber wundern sich dann oft diejenigen, die so viel mehr wissen und so viel länger in der Gemeinde sind. Sie neigen dazu jene zu verachten, oder ihre Erlebnisse sogar zu verteufeln, denn bei all ihrem Wissen haben sie so etwas noch nie erlebt!

Der Punkt ist ganz einfach, es gibt einen Unterschied zwischen Wissen und Leben! Das richtige Bibelwissen ist gut und richtig, aber es ist nicht das Ziel! Es ist die Voraussetzung dafür, dass wir mit Gott leben können. Es ist die Voraussetzung dafür, dass wir wissen, was wir glauben sollen, aber das Wissen ist nicht alles. Viele Menschen reduzieren ihr Leben höchstens auf Gottesdienstbesuche, aber eine persönliche Beziehung zu Jesus haben sie nicht.

Wer nur mit „Wissen“ lebt, der „wundert“ sich vielleicht über Gottes Eingreifen – obwohl er es besser wissen sollte! Denn Gott verheißt es ja in der Bibel. Aber wer im Geist lebt, der wundert sich nicht sonderlich über Gottes übernatürliches Handeln. Jesus hat sich nie gewundert. Hat Abraham sich gewundert, als er im hohen Alter einen Sohn bekam? Nein! Er hat sich darüber gewundert, dass der Sohn so lange auf sich warten lässt! Abraham wunderte sich nicht, als der Sohn endlich kam, weil er eine Verheißung Gottes hatte. Deshalb wartete er auf die Erfüllung. Hat Elia sich gewundert, als Feuer vom Himmel kam? Nein, Gott hatte ihn in seinen Plan integriert und ihm mitgeteilt, was Elia tun soll und auch, was Gott selber tun wird. Weil Elia in Gottes Plan integriert war, wunderte er sich auch nicht, sondern erwartete das Feuer.

Wundern tun sich immer diejenigen, die erst gar nicht glauben, oder die nicht in Gottes Plan eingeweiht waren, oder nicht in Harmonie mit Gottes Plan leben, weil sie ein Leben führen, das nur auf ihre menschlichen Möglichkeiten und Fähigkeiten reduziert ist.

Jesus hat sich tatsächlich einmal gewundert. Weißt du worüber? Nein, nicht darüber, dass der Lahme tatsächlich aufstand und ging, auch nicht darüber, dass der Taube plötzlich hörte und der Blinde wieder sehen konnte. Sondern Jesus wunderte sich über den Unglauben der Menschen, so dass er in ihrer Gegenwart nicht viele Wunder tun konnte.

„Und er konnte dort keine Wunder tun, außer dass er wenigen Kranken die Hände auflegte und sie heilte. Und er verwunderte sich wegen ihres Unglaubens.“ Markus 6,5

Das wirklich Verwunderliche für Jesus ist der menschliche Unglaube. Wie dieser Glaube zu verstehen ist, dazu nachher mehr. Jesus heilt nicht, damit wir uns wundern, sondern weil er Barmherzigkeit empfindet, und weil er uns durch die Heilungen wachrütteln möchte für seine Botschaft!

Wir wundern uns, weil wir so etwas noch nie erlebt haben und das kann ein Zeichen sein, dass wir noch völlig ohne Gottes Möglichkeiten oder Fähigkeiten leben – und das könnte ein Zeichen dafür sein, dass wir gar nicht mit Gott leben, sondern nur mit Theorien!

Kapitel 11

In Gottes Wunder integriert

Was sagt Jesus im Missionsbefehl? Was ist die Voraussetzung dafür, dass wir andere zu Jünger machen sollen? Natürlich das vollbrachte Werk am Kreuz – und?

„Und Jesus trat herzu und sprach zu ihnen: Mir ist gegeben alle Gewalt im Himmel und auf Erden. Darum gehet hin und machet zu Jüngern alle Völker: Taufet sie auf den Namen des Vaters und des Sohnes und des Heiligen Geistes und lehret sie halten alles, was ich euch befohlen habe. Und siehe, ich bin bei euch alle Tage bis an der Welt Ende." Matth. 28,18-20

Wir gehen und missionieren nicht, weil wir gut ausgebildet sind, weil wir einen theologischen Abschluss haben, oder weil wir gebildet und begabt, jung und dynamisch sind! Wir missionieren auch nicht, weil wir genügend Geld für ein vielversprechendes Projekt haben, sondern:

> Weil Jesus alle MACHT im Himmel und auf ERDEN hat und weil er mit dieser Macht BEI UNS IST bis an das Ende der Welt – und nicht nur in der „Urgemeinde"

Wenn sich die Welt also noch dreht, während du dieses Buch liest, dann ist diese Aussage aktuell! Jesus ist bei uns, und er will uns in seine Werke integrieren.

„Denn wir sind sein Werk, geschaffen in Christus Jesus zu guten Werken, die Gott zuvor bereitet hat, dass wir darin wandeln sollen." Eph. 2,10

Wenn wir in diese Werke integriert sind, dann wird Gott uns zeigen, was wir zu tun haben und er wird uns teilhaben lassen an dem, was er tut. So werden wir uns über seine übernatürlichen Handlungen nicht mehr wundern wie jemand, der nichts weiß. So können „Wunder“ zur Normalität werden. Damit meine ich nicht, dass wir dann die Kraft zum Wundervollbringen in uns haben und überall wo wir wollen, ein Wunder vollbringen können. Sondern damit meine ich, dass wir uns von Gott in seine Werke integrieren lassen sollen, und dass wir dann in den Werken wandeln können, die Gott für uns vorbereitet hat. In Apostelgeschichte 9,10-19 sehen wir ein fantastisches Beispiel dafür, wie Gott einen Menschen in sein Werk integriert, damit einer geheilt wird.

„Es war aber ein Jünger in Damaskus mit Namen Hananias; dem erschien der Herr und sprach: Hananias! Und er sprach: Hier bin ich, Herr. Der Herr sprach zu ihm: Steh auf und geh in die Straße, die die Gerade heißt, und frage in dem Haus des Judas nach einem Mann mit Namen Saulus von Tarsus. Denn siehe, er betet und hat in einer Erscheinung einen Mann gesehen mit Namen Hananias, der zu ihm hereinkam und die Hand auf ihn legte, damit er wieder sehend werde. Hananias aber antwortete: Herr, ich habe von vielen gehört über diesen Mann, wie viel Böses er deinen Heiligen in Jerusalem angetan hat; und hier hat er Vollmacht von den Hohenpriestern, alle gefangen zu nehmen, die deinen Namen anrufen. Doch der Herr sprach zu ihm: Geh nur hin; denn dieser ist mein auserwähltes Werkzeug, dass er meinen Namen trage vor Heiden und vor Könige und vor das Volk Israel. Ich will ihm zeigen, wie viel er leiden muss um meines Namens willen. Und Hananias ging hin und kam in das Haus und legte die Hände auf ihn und sprach: Lieber Bruder Saul, der Herr hat mich gesandt, Jesus, der dir auf dem Wege hierher erschienen ist, dass du wieder sehend und mit dem Heiligen Geist erfüllt werdest. Und sogleich fiel es von seinen Augen wie Schuppen und er wurde wieder sehend; und er stand auf, ließ sich taufen und nahm Speise zu sich und stärkte sich. Saulus blieb aber einige Tage bei den Jüngern in Damaskus.“ Apg 9, 10-19

Hier sehen wir, dass Gott uns Menschen in seine Werke integrieren kann, so dass wir dann zu Gottes Ehre sein übernatürliches Handeln erleben können. Wenn wir in der Abhängigkeit und in Harmonie mit Gott leben, wie Jesus, dann kann Gott durch uns wirken, so wie er durch Jesus gewirkt hat. Dann gehören Wunder zu unserem Alltag dazu. Als Paulus wieder sehen konnte, da war das für den Beter kein Wunder mehr. Gott hatte ihn daraufhin vorbereitet. Wir können davon ausgehen, dass keiner der Jünger oder Apostel einfach pauschal drauflosgeheilt hat, sondern sie sind unter dem bewussten Einfluss des Heiligen Geistes aktiv gewesen. Wir werden noch sehen, dass dies nicht immer bedeutete, dass Kranke durch ein Wunder geheilt wurden. Manchmal hatte Gott andere Absichten.

Jesus wundert sich über unseren Unglauben während wir uns über seine Wunder wundern. Wir müssen entscheiden, in welcher Realität wir weiterleben wollen!

Ich finde das Einteilen der Geistesgaben in spektakuläre und unspektakuläre Gaben nicht richtig. Erstens teilt die Bibel nicht in diese Kategorien ein, zweitens steht nirgendwo in der Bibel, dass eine dieser Kategorien mit der ersten Generation beendet ist. Eines ist mir sehr wichtig: **Wenn es eine „spektakuläre" Gabe geben sollte, dann die der Evangelisation, denn das ist absolut spektakulär und darüber kann man ein Leben lang und in Ewigkeit staunen: Dass Gott uns so sehr liebt, dass er stellvertretend für unsere Sünden gelitten hat! Dass er unsere Sünden vergeben will und uns wieder annehmen will! Dass Gott diese Botschaft allen Sündern verkünden lässt, nenne ich „spektakulär" und „verwunderlich"!**

Dies ist die spektakulärste Botschaft der Welt! Eine Heilung kommt dagegen nicht an. Was ist denn spektakulärer?! Dass Gott dich in seiner Allmacht heilt, oder dass er in Jesus Christus stellvertretend für dich ans Kreuz geht?! Das Kreuz ist das gewaltigste Wunder aller Zeiten. Gott starb in Jesus Christus am Kreuz für uns. Darüber kann ich jeden Tag staunen.

Aber warum sollten wir uns über ein Wunder wundern? Sollte Gott etwas unmöglich sein? Da hat er in 6 Tagen Himmel und Erde uns alles Leben erschaffen - allmächtig und kreativ ist Gott ohne Grenzen! Und jetzt soll ich mich über eine Heilung wundern? Da stimmt doch was nicht.

Aber ich möchte ehrlich sein. Ich habe nicht immer so gedacht. Als Jugendlicher habe ich mit Staunen den Zeugnissen erfahrener Gottesmänner gelauscht, die von vielen „Wundern" berichten konnten. Bei uns in der Gemeinde war dagegen nur Theorie, so dachte ich. Aber ich brauchte nicht viel Hirn, um zu verstehen, dass die Bibel solche Dinge verheißen hat! Manchmal höre ich Berichte von Missionseinsätzen und von den „Wundern", die dort anscheinend passiert sein sollen. Ich muss ehrlich sagen, dass ich nicht alles glaube, was ich auf Konferenzen und in Gemeinden höre. Aber eines ist mir dabei immer völlig klar: Ich weiß, dass bei Gott nichts unmöglich ist und dass Wunder jeder Kategorie in der Bibel verheißen sind. Ich zweifle immer wieder an der Aufrichtigkeit von Menschen, aber ich lasse es nicht zu, an der Aussage der Bibel zu zweifeln. Ich habe auch die Erfahrung machen müssen, dass Menschen meine Erlebnisse mit Gott anzweifeln, aber das verwundert mich nicht. Es gibt so viel Übertreibung und sogar bewussten Betrug. Warum sollte man mir glauben? Ich bin ja auch kritisch! Also sage ich immer den Leuten, dass sie ruhig an der Wahrheit meiner Erlebnisse zweifeln dürfen, aber sie sollen umso mehr an den biblischen Aussagen festhalten! Ich habe gar nichts davon, wenn Menschen meine Erlebnisse glauben und staunend stehenbleiben. Deshalb berichte ich diese Erlebnisse doch nicht! Sondern sie sind ein Beispiel dafür, was Gott in deinem Leben tun kann! Nicht staunend stehenbleiben sollen wir, sondern selber erkennen, was Gott in seinem Wort verheißt und selber in Harmonie mit Gott leben. Darum geht es!

Leider hatte ich damals falsche Vorstellungen über Wunder. Ich dachte, dass sich eine ganze Stadt bekehren und nie wieder eine Sünde tun würde, wenn Gott sichtbar für alle ein Wunder tun würde. Ich dachte auch, dass Gott sicherlich nur Wunder wirkt durch besonders geistliche Persönlichkeiten. Ich hatte viele falsche Vorstellungen. Selbst die Jünger erlebten Wunder, aber es führte nicht immer zu dem gewünschten Erfolg. Nach einem gewaltigen Wunder lesen wir: ***„Und sogleich stand das Mädchen auf und ging umher; es war aber zwölf Jahre alt. Und sie entsetzten sich sogleich über die Maßen.“*** Markus 5,42

Die Jünger waren trotz des Wunders verhärtet! Oder vielleicht wurde ihr Herz durch das erlebte Wunder nur noch härter? Wir sehen ja immer wieder in der Bibel, dass sie zu Hochmut und Selbstdarstellung neigten. Sie hatten falsche Vorstellungen über sich und über Jesus und über Gottes Absicht mit dem Wirken Jesu... Als Jesus sie in das Wunder integrierte, da erlebten sie es! Aber vermutlich wurden sie dadurch nur euphorisch, sie wurden vielleicht stolz, eingebildet und meinten, dass sie etwas Besseres sind. Sie teilten Brot und Fische aus, aber mit welcher Einstellung? Mit welcher Herzenshaltung? Mit einer verhärteten! Da sehen wir: Wunder sind keine Allheilmittel und oft lesen wir in der Bibel, dass Wunder nach hinten losgingen! Ich muss schon sagen, dass mir diese Erkenntnis wirklich Kopfzerbrechen bereitet hat und immer noch Kopfzerbrechen bereitet. Ich begegne selten Menschen, die das verstehen! Meistens gieren alle nach einem Wunder und ihre Not ist ja auch selten zu übersehen! Aber kaum einer versteht, dass mit Wundern nicht alle Probleme gelöst sind, sondern dass eventuell sogar Probleme verhärtet werden können! Dazu nachher mehr.

Ich habe damals naiv gedacht, dass durch ein Wunder alle Probleme gelöst sind, aber durch das Studieren der Bibel – und dann durch eigene Erfahrungen – musste ich etwas anderes lernen. Es ist mit Wundern vieles nicht so, wie wir es uns vorstellen und eines ist eben auch wahr. Wenn man es erlebt, dass Gott einen in seine Werke integriert, dann wundert man sich einfach nicht darüber, wenn dann passiert, was er verheißen hat. Wenn jemand dich zum Essen einlädt und sagt, dass er zahlt, dann musst du dich doch nicht wundern, wenn er nach dem Essen den Geldbeutel zückt, oder? Er hat es doch gesagt. Also sagt man artig „danke." Genauso ist es mit Gott. Eines Tages sagte Gott mir im Gebet, dass ich einen bestimmten Wohnwagen für eine Evangelisationskampagne vorreservieren soll, ich würde das Geld am kommenden Montag bekommen. Also reservierte ich den Wohnwagen auf Dienstag und wartete auf das Geld, wie Abraham auf seinen Sohn. Ich bekam das Geld am Montag und war froh darüber, aber warum sollte ich mich wundern, wie einer, der nichts wusste? Wer in der Realität des Geistes lebt, der wundert sich nicht, sondern er lebt mit Gott. Für mich ist diese Tatsache ein absolut befreiender Faktor. Ich weiß, dass Gott vorbereitete Werke hat (Epheser 2,10) und dass er nicht mehr und nicht weniger von mir verlangt, als dass ich mich da hineinintegrieren lasse. Ich muss nur im Geringen treu sein und Gott kümmert sich um alles andere und meldet sich hin und wieder, wenn es was gibt - wie bei Elia. Der saß 3 Jahre bei einer Witwe und wartete auf Gottes nächsten Schritt. Echter Glaube ist ungemein befreiend und beruhigend. Kein geistlicher Mensch „giert" nach Wundern, sondern sein Glaube ruht in Jesus, weil Jesus weiß, wie es weitergeht. Mehr zum Thema, was es heißt, in Gottes Werken integriert zu leben, habe ich in dem Buch „*Prinzipien erhörter Gebete & Erweckung*" beschrieben.

Ich bin aufgrund der biblischen Aussagen der festen Überzeugung, dass...

- Gott auch heute noch Wunder wirkt. Aus seiner Sicht sind es keine Wunder, sondern Gott handelt einfach mit seinen Möglichkeiten und Fähigkeiten.
- ...Ich aus mir selber kein Wunder vollbringen kann und auch nicht muss.
- ...Gott mich in seine Werke integrieren will.

- ...Ich mit diesen Werken in Harmonie mit Gott leben und handeln soll.
- ...Ich mich in diesen Werken nicht auf meine Fähigkeiten und Möglichkeiten begrenzen darf.
- ...Gott, nur wenn er es für angebracht hält, seine Fähigkeiten und Möglichkeiten einbringt.
- ...Gott mich in so einem Fall darauf vorbereitet, so dass ich weiß, was er tun möchte, und damit ich weiß, was ich in diesem Fall zu tun habe.

Genau so habe ich immer wieder Gottes wunderbares Handeln erleben dürfen, wovon ich noch einige Beispiele berichten werde.

Kapitel 12

Erfahrungstheologie

Ich habe einige Bibellehrer gehört, die die Geistesgaben und Wunder ablehnen. Das ist interessant. Viele von denen, die ich kennen gelernt habe, haben vorher unkritisch alles geglaubt, was man ihnen im **„modernen Christentum“** erzählt hat und haben von Wundern, Heilungen und Prophezeiungen nur so gesprudelt. Aber sie mussten die bittere Erfahrung machen, dass es „nicht ganz so war“, wie man es ihnen vorgemacht hatte. Es blieb bittere Enttäuschung. Aufgrund dieser Enttäuschungen und der damit verbundenen Krisen sind sie oft auf der anderen Seite in den Graben gefahren und glauben nicht mehr an Geistesgaben, Wunder und Führungen. Ich kam einmal auf Glatteis mit dem Auto ins Rutschen und schaffte es mit einer ruckartigen Bewegung nicht in den rechten Graben zu knallen. Aber dafür landete ich kurz darauf im linken Graben! So geht es vielen bei diesem Thema. Beide Haltungen sind falsch! Zuerst glaubt man alles unkritisch, obwohl die Bibel anders lehrt, und dann verwirft man alles „überkritisch“ – was ebenfalls nicht biblisch ist. An beiden Seiten hat Satan seine Freude, weil sie beide von der Wahrheit wegführen. Jesus ist der Weg! Wir müssen nicht von einem Graben in den anderen fallen - komm mit deinen Meinungen und Enttäuschungen zu Jesus! Nimm dir Zeit für sein Wort und er wird dir zeigen, wo vielleicht der Fehler und die Lösung ist.

Den Kreisen, die es mit Heilungen „übertreiben“ wird oft „Erfahrungstheologie“ vorgeworfen. Ich weiß nicht, ob dir das Wort etwas sagt. Erfahrungstheologie bedeutet, dass man seine Theologie nicht auf der Grundlage von Gottes Wort fest macht, sondern aufgrund von eigenen Erlebnissen oder Erlebnissen anderer. Zum Beispiel: Ein Mensch könnte auf eine Veranstaltung gehen und dort predigt der Redner, dass Gott will, dass wir alle reich sind. Der Redner liest aus der Bibel vor:

Gott wurde arm für uns,
damit wir durch seine Armut reich werden.

Und dann berichtet der Redner, wie er durch „Glauben" reich geworden ist. Dann fordert er die Zuhörer auf, das Gleiche zu tun. Sie sollen ihren Glauben darin beweisen, dass sie einen Kredit aufnehmen um sich ein neues Haus und ein neues Auto zu kaufen, denn ein altes Haus und ein billiges Auto ziemen sich nicht für Prinzen des lebendigen Gottes. Kinder Gottes sollten Rolls Royce fahren! ..." Dann liest der Redner vor, dass man den Zehnten zahlen soll (natürlich an ihn) damit Gott segnet.

Du wirst vielleicht staunen, aber solche Dinge werden seit Jahrzehnten in „christlichen Kreisen" weltweit praktiziert. Bücher sind voll davon. Hier werden bewusst Bibelstellen aus dem Zusammenhang gerissen, die Unwahrheit gesagt und manipuliert. Der Redner ist anscheinend durch Glauben reich geworden und deshalb sollen das die Zuhörer auch tun und im Glauben einen Kredit aufnehmen. Aber ungefestigte Zuhörer glauben solche Dinge und gehen mit diesem Glauben nach Hause: Gott will, dass ich reich bin! Ich muss meinen Glauben beweisen und einen Kredit aufnehmen, so wie es der Redner erfahren hat! usw. Das ist „Erfahrungstheologie." So haben unzählige Menschen „im Glauben" einen Kredit aufgenommen und sind pleite gegangen und haben Gott den Rücken gekehrt. Aber bei manchen ging es vielleicht aus irgendwelchen Gründen gut! Und diejenigen wirst du schwerlich davon überzeugen, dass sie verführt wurden, denn sie haben es erlebt, dass sie reich geworden sind. Somit verführen sie viele weitere Menschen und noch mehr gehen in den Bankrott.

Oder es könnte ein Mensch herkommen und sagen: „Gott hat mir gesagt, dass ich zu einem Schamanen gehen soll, damit ich geheilt werde. Als ich dort war, wurde ich geheilt! Deshalb sage ich euch – Jesus will, dass wir zu den Schamanen gehen!"

Hier wird das persönliche Erlebnis interpretiert und die eigene Erfahrung zum Maßstab genommen. Wer aber Gottes Wort ernst nimmt, der würde das Erleben dieses Menschen anders interpretieren, nämlich, dass nicht Gott, sondern Satan diesen Menschen verführt hat, damit durch ihn viele andere von Gott weggeführt werden.

Manche wollen Kontakt zu ihren Verstorbenen aufnehmen und bekommen Antworten aus dem Jenseits! Sie interpretieren, dass dies der verstorbene Verwandte ist, aber Bibelkenner interpretieren anders. Der Tote ist Staub bis zur Auferstehung und die Antwort kommt von Dämonen, die auf diese Art und Weise unzählige Menschen verführen.

Sehr oft „erlebt" man z.B. „christliche Heiler" auf „christlichen Veranstaltungen" und dann ist man von dem begeistert, was da (anscheinend) passiert und macht es nach. Ich habe Menschen getroffen, die ihre Meinung zum Thema Heilung oder Rettung leider nicht aus der Bibel sondern von „persönlichen Erlebnissen auf Heilungsgottesdiensten" haben. Sie machen dann genau das nach, was der „geistliche Superstar" auf der Bühne getan hat und „glauben", dass es funktioniert. Ich habe auch viele „Heiler" erlebt, die sagen, dass man das so und so machen muss, und dann kommt die Heilung oder dann ist man gerettet. Aber ist das so?

Wenn man also schwärmerischen Kreisen hier und da zu Recht „Erfahrungstheologie" vorwirft, muss man sich aber gleichzeitig auch fragen, ob man nicht im Prinzip dasselbe tut? Man macht vielleicht die Erfahrung, dass Kranke **nicht** geheilt werden, man macht dazu die Erfahrung, dass andere Geheilte Fehler machen. Und was tut man? **Man macht aus seinen eigenen Erfahrungen ebenfalls eine Erfahrungstheologie und sagt, dass es keine Heilungen mehr gibt, obwohl in der Bibel das Gegenteil steht!** Im Prinzip ist es das Gleiche, wie bei denen, welchen man Erfahrungstheologie vorwirft! Man macht die eigene Erfahrung zum Maßstab. Beide Richtungen lassen die Bibel außer Acht und halten sich für besonders geistlich. Die einen führen die Masse in die Irre in dem sie z.B. sagen: „Gott heilt alle, du musst nur glauben und sofort die Medikamente absetzen!" So haben sich z.B. Eltern täuschen und im „Glauben" ihre Kinder sterben lassen. Die anderen führen die Menschen in die Irre, indem sie kategorisch ausschließen, dass Gott heute noch heilt. Und wenn etwas Übernatürliches passiert, dann war es der Teufel! Ich weiß von einer Gemeinde, die eine Schwester ausgeschlossen hat, weil diese durch Gebet und Handauflegung im Namen Jesu von Krebs geheilt wurde! Willkommen zurück bei den Pharisäern – das gleiche Problem hatte Jesus auch schon.

Einige christliche Kreise sind voller Erfahrungstheologie, weil sie Gottes Wort nicht gut genug kennen, oder es wird sogar bewusst manipuliert um egoistische Ziele zu erreichen. Vorsicht! Wir sind aufgefordert Erlebnisse anhand der biblischen Informationen einzuordnen. Wenn etwas wirkt oder funktioniert, dann heißt es noch lange nicht, dass da Jesus dahinter steckt! Selbst wenn es vordergründig gut erscheint! Grundsätzlich kann ich nur jedem sagen: Es ist doch eine unbestrittene Tatsache, dass die Bibel vor Fehlentwicklungen im Christentum warnt. Sie warnt vor Irrlehrern, falschen Propheten, Wölfen im Schafspelz und Verführungen. Da kann man doch nicht alles einfach unkritisch glauben und übernehmen! Und jeder, der sich mit dem Thema beschäftigt, der sieht doch, dass mittlerweile viele weltlichen Strömungen in das Christentum eingeflossen sind - seien es religiöse, magische, psychologische, politische oder die Unterhaltungsbranche und Showbusiness. Auch finanzielle Strömungen und alles, was du dir vorstellen kannst. Alle diese „Strömungen" versuchen ihre Interessen durchzusetzen. Das Christentum ist ein gewaltiger finanzieller Markt geworden, wo es mittlerweile um Geld, Karriere, Macht, Ehre und um Ansehen geht! Und das Schlimme ist: **In kaum einem anderen Kreis gibt es so viele naive und gutgläubige Menschen wie unter den Christen.** Wer sich nicht auskennt, der merkt das oft gar nicht sofort. Ich habe viele Jahre lang Gemeinden und Konferenzen in Europa besucht, als Gast und Redner. Ich habe hinter die großen Bühnen der Konferenzen schauen dürfen und habe einige der „bekannten Redner" kennen lernen dürfen – und bin oft erschrocken! Wenn ich Christus nicht gehabt hätte, dann wäre ich vor lauter Schreck und Enttäuschung untergegangen!

Wenn man das erlebt, dann kann man dazu neigen dem ganzen Thema „Heilung" den Rücken zu kehren, aber das wäre falsch! Dann erreicht Satan genau das, was er will. Die einen glauben falsch und als Folge davon verlieren andere den Glauben komplett. Das wäre fatal! Ich bin mit dem, was ich erlebt und gehört habe immer wieder zur Bibel und zu Gott gegangen und habe geprüft. Daran kommen wir nicht vorbei, wenn wir weiterkommen wollen.

„Geliebte, glaubt nicht jedem Geist, sondern prüft die Geister, ob sie aus Gott sind! Denn es sind viele falsche Propheten in die Welt ausgegangen." 1Johannes 4,1

„Den Geist dämpft nicht! Die Weissagung verachtet nicht! Prüft alles, das Gute behaltet!" 1Thess. 5,19

Stell dir vor, dass du an der Kasse zahlen willst und der Kassierer feststellt, dass der Schein, mit dem du zahlst, Falschgeld ist. Du wärst erschrocken! Aber würdest du deshalb alle Geldscheine wegwerfen? Nein! Du würdest sie alle genauer untersuchen und in Zukunft vorsichtig sein! Beim Thema Heilung und Geistesgaben müssen wir es genauso machen, denn die Geistesgaben Gottes und die Segnungen, die daraus entstehen, sind wertvoller als Geld!

Ich habe bisher aufzuzeigen versucht:

- ...dass wir das Thema Heilung im ganzen heilsgeschichtlichen Kontext betrachten sollen.
- ...dass Wunder nicht immer das Ziel erreichen, wozu Gott die Wunder wirkt.
- ...dass es einen besseren Gottesbeweis gibt als Heilungswunder.
- ...dass wir die Priorität Gottes beim Thema Heilung beachten müssen.
- ...dass Jesus heute noch heilt.
- ...dass Jesus uns in seine Werke integrieren will.
- ...dass wir die verschiedenen Aussagen der Bibel ernst nehmen müssen und nicht an unseren menschlichen Meinungen zu diesem Thema festhalten dürfen.

Nun wollen wir uns konkret mit Krankheit und Heilung in der Bibel beschäftigen.

Verschiedene Ursachen & Lösungen für Krankheiten

Gottes Wort zeigt uns in völliger Übereinstimmung mit unserer Realität verschiedene Ursachen für Krankheiten und auch verschiedene Arten damit umzugehen. Mancher wird hier sagen: „Wie bitte? Ich habe gedacht, dass es völlig egal ist, weshalb jemand krank ist, oder welche Krankheit jemand hat, denn Jesus heilt alle jetzt und hier, wenn wir nur glauben!“ Ich weiß, dass viele so denken, aber ich kann dir versichern, dass in Gottes Wort etwas anderes steht, und das wollen wir uns jetzt anschauen. Wir möchten zuerst die verschiedenen Ursachen für Krankheiten und dann die verschiedenen Arten von Gottes Handeln darin betrachten.

Kapitel 13

Krankheiten als Folgen globaler Sünde

Nichts in der Schöpfung ist, wie es am Anfang war. ***„Denn wir wissen, dass die ganze Schöpfung bis zu diesem Augenblick mit uns seufzt und sich ängstet.“*** Römer 8, 22

Globale Sünde und damit verbunden eine weltweit verbreitete falsche Art zu leben, hat die Welt ins Ächzen und Stöhnen gebracht! Eine von vielen Folgen des globalen Lebens in Sünde sind Krankheiten verschiedener Art. Bei vielen Krankheiten kennt man die Ursache genau. Um nur ein paar Ursachen zu nennen:

Belastetes Essen, verseuchte Luft und Wasser: Alles was wir essen ist voller Pestizide, im Fleisch stecken Medikamente, mit denen die Tiere behandelt wurden, Menschen leben in Gegenden mit verseuchtem Boden oder verseuchter Luft.

Oder: **Einseitige Ernährung:** Viele Menschen auf der Welt sind blind, weil ihnen durch mangelnde Ernährung Vitamin A fehlt, oder sie sind übergewichtig mit allen Folgen.

Oder: Zu viel **Stress** und zu wenig Ruhe kann zu Herzproblemen führen und auch zu einigen Krebsarten.

Oder die Vergiftung Tausender mit Giftgas, all die Verstrahlten durch Tschernobyl...

Wir sehen also, dass viele Krankheiten damit zu tun haben, dass wir als Menschheit falsch (in Sünde) leben.

Kapitel 14

Krankheiten durch Schuld der anderer

Für viele dieser Fehlentwicklungen in der Welt und deren Folgen können wir persönlich nichts. Es sind oft keine direkten Folgen von eigenen Sünden, sondern Folgen der weltweiten Fehlentwicklung durch Gier, Ungerechtigkeit oder schlicht Unwissenheit. Was kann ein Inder dafür, dass er einseitiges Essen bekommt und deshalb blind wird? Was können wir gegen die ganze Vergiftung im Essen tun? Wem fällt die wahnsinnig steigende Geschwindigkeit auf, in der wir immer mehr im Stress leben müssen, damit wir nicht aus der Gesellschaft fliegen? Oder was können die Bewohner Pekings dafür, dass sie in einer verdreckten Luft leben und krank werden? Jeden Tag atmet jeder dort so viele Schadstoffe ein, dass sie mit dem Rauchen mehrerer Schachteln Zigaretten vergleichbar sind. Was konnten die Kinder dafür, die bei dem Conterganskandal behindert zur Welt kamen?

Viele Menschen leiden unter Krankheiten, für die sie selber nicht direkt verantwortlich sind. Viele Menschen leben mit psychischen und körperlichen Schäden, die auf das Konto anderer gehen. Viele ahnen noch nicht einmal, wie krank Menschen werden können, weil man sie z.B. beschimpft, verspottet oder ausgelacht hat. Diese inneren Verletzungen wirken wie Gift.

Viele sind also krank, ohne selber Schuld zu sein.

Kapitel 15

Krankheiten und Leiden aufgrund persönlicher Schuld

Jeder weiß aber auch, dass man aus eigener Schuld krank werden kann. Falsche Ernährung oder der Konsum von Produkten, die unserer Gesundheit schaden, sind eine Möglichkeit, oder eine Arbeit, die uns gesundheitlich schadet, oder das Hobby! Ich habe mir durch hartes Training beide Knie und den Rücken kaputt gemacht und bin damit nicht der Einzige auf der Welt! Manchmal wissen wir genau, warum wir leiden, weil es unsere eigene Schuld ist. Diesen Punkt muss ich nicht länger erklären, ich denke, dass dies klar ist.

Viele Leiden und Krankheiten sind Folgen eigener Schuld.

Kapitel 16

Krankheiten durch satanischen Einfluss

„Wie Gott Jesus von Nazareth mit Heiligem Geist und Kraft gesalbt hat, und wie dieser umherzog und Gutes tat und alle heilte, die vom Teufel überwältigt waren; denn Gott war mit ihm.“ Apg. 10,38

Die Bibel berichtet, dass Jesus Menschen heilte, die durch Satans Einfluss krank waren. Viele Menschen können davon berichten, wie es sich auf ihr Leben ausgewirkt hat, dass sie direkt oder indirekt mit okkulten Dingen zu tun hatten. Eine Frau erklärte mir, dass sie auch an Jesus glaube. Als ich etwas bohrte, stellte sich heraus, dass sie in „Weißer Magie“ verstrickt war, einer Verführung Satans. Ich habe seitdem einige Wahrsagerinnen kennengelernt, die unter vielen verschiedenen Praktiken auch mit „Jesus“ arbeiten. Sie verwenden wohl das Wort Jesus, aber dahinter steckt Satan.

Genauso ist es mit einer Flasche und dem Inhalt. Wenn auf dem Etikett Cola drauf steht und drinnen eine grüne Flüssigkeit ist, dann merkt doch jeder, dass da was faul ist! Der Name auf dem Etikett alleine reicht doch nicht! Aber viele sind so unwissend, dass sie nicht unterscheiden können und sich verführen lassen. Ich machte sie darauf aufmerksam, aber sie wollte es nicht hören. Sie argumentierte, dass es ja lauter „gute“ Resultate bringt. Es dauerte nicht lange, da kam sie völlig in Sorge, weil plötzlich ihre Tochter auffällig wurde. Sie sah Gestalten, bekam Angstattacken und Alpträume usw. Viele Menschen sind auf diesem Weg krank geworden, nervlich, psychisch, körperlich. Eine andere Frau schrieb mir, weil es in ihrem Haus spukt und sie mit den Nerven am Ende ist. Es stellte sich heraus, dass sie gerne okkulte Fernsehsendungen gesehen hatte... Es gibt so viele verschiedene

Arten den bösen Geistern und Dämonen die Türe zu öffnen. Diese Kategorie ist noch nicht „Besessenheit" sondern die Geister sind da und versuchen uns zu beeinflussen. Noch eine Stufe schlimmer ist Besessenheit.

Es gibt auch heute Besessenheit, genauso wie es in der Bibel beschrieben wird - und Befreiung, so wie Jesus Menschen von Dämonen befreit hat. Aber viele wollen das heute nicht akzeptieren. Im Fall von Besessenheit hilft keine Psychologie und auch keine Pillen. Ein Missionar erkannte in einer geschlossenen psychiatrischen Anstalt, dass dort einige nicht krank, sondern besessen waren. Man konnte ihnen nicht helfen und sie waren an Betten geschnallt. Der Missionar fragte, ob er eine Nacht bei ihnen verbringen dürfe und man erlaubte es ihm. Die Angestellten dort staunten nicht schlecht, als sie am kommenden Tag kamen und die Untherapierbaren dabei antrafen, wie sie Gott lobten und priesen – befreit! Es gibt Besessenheit und es gibt Befreiung davon im Namen Jesu – genauso wie es in der Bibel beschrieben ist.

„Denn er hatte dem unreinen Geist geboten, aus dem Menschen auszufahren. Denn der hatte ihn lange Zeit geplagt; und er wurde mit Ketten und Fesseln gebunden und gefangen gehalten, doch er zerriss seine Fesseln und wurde von dem bösen Geist in die Wüste getrieben." Lukas 8,29

Das Hauptproblem eines Besessenen ist, dass der Dämon ihn völlig unter seine Herrschaft und Kontrolle gebracht hat. Der Dämon hat Besitz von dem Menschen ergriffen, quält, zerstört und gebraucht ihn zum Schaden anderer. Ein ungläubiger Psychologe sieht das anders. Er stuft solche Menschen als psychisch krank und untherapierbar ein – aber Vorsicht! Nicht jeder, der als untherapierbar eingestuft wurde, muss zwangsweise auch besessen sein!

Es gibt Besessenheit, aber etwas anderes sind psychische Probleme. Ich erwähne das deshalb, weil manche Menschen nicht zwischen beiden unterscheiden können. Leider fällt beides oft zusammen, so dass es noch schwieriger ist, zu unterscheiden. Doch man kann aus einem psychisch Kranken keine Dämonen austreiben und auf der anderen Seite kann man einen Besessenen nicht mit Pillen heilen. Es kann sein, dass ein Mensch durch okkulte Machenschaften psychisch krank und dann besessen wird.

Hinter manchen Erkrankungen könnte der Einfluss finsterer Mächte stehen. Wenn das der Fall ist, könnte das durch eigene Schuld zustande gekommen sein, aber nicht unbedingt. Was kann ein Kind dafür, wenn es zur Wahrsagerin gebracht oder einem Dämon geweiht wird? Auch hier muss man unterscheiden lernen um entsprechend geistlich handeln zu können.

Kapitel 17

Krankheiten durch falsches Denken

Wir machen uns vermutlich selten bewusst, wie stark dieser Faktor „falsches Denken“ ist – und noch seltener machen wir uns bewusst, dass auch und gerade hier Satan am Werk sein kann. Denn er ist der Vater der Lügen und ein Mörder, wie Jesus es sagt.

„Ihr habt den Teufel zum Vater, und nach eures Vaters Gelüste wollt ihr tun. Der ist ein Mörder von Anfang an und steht nicht in der Wahrheit; denn die Wahrheit ist nicht in ihm. Wenn er Lügen redet, so spricht er aus dem Eigenen; denn er ist ein Lügner und der Vater der Lüge.“ Johannes 8,44

Die Tendenz von Satans „Gedanken“ in unserem Kopf ist von Jesus klar benannt. In diesem Fall brauchen wir „Wahrheit“! Heilung würde in diesem Fall dann eintreffen, wenn ein Mensch die Wahrheit erkennt, damit die Lüge entlarvt und Buße getan wird – durch den Glauben an die Wahrheit!

Ein passendes Beispiel: Nach einem Gottesdienst wollte ein Ehepaar, dass ich für die Frau bete, weil bei ihr Krebs diagnostiziert worden war. Da das Ehepaar fremd in der Gemeinde war, wollte ich mir etwas mehr Zeit für beide nehmen, weil ich ihnen wirklich helfen wollte. Also verbrachten wir ca. zwei Stunden im Gespräch miteinander. Während wir uns unterhielten stellte sich heraus, dass beide aus einer sehr strengen Gemeinde kamen, bei der es keinen Glauben an Heilung in der heutigen Zeit gab. Deshalb waren sie zu uns gekommen. Wir unterhielten uns über verschiedene Dinge, aber als wir über die Kinder der beiden zu sprechen kamen, merkte ich, dass besonders die Frau extrem besorgt war. Sie machte sich starke Vorwürfe, denn die Kinder waren in der Welt und die Frau hatte einen Horror davor, dass die Kinder in der ewigen Verdammnis landen. Wir verbrachten nun einige Zeit damit, der Frau zu helfen, mit dieser Sorge richtig umzugehen. Zum Schluss konnte sie Vergebung für ihre Schuld annehmen, was sie auch nötig hatte, und wir konnten ihr ein paar gute Ratschläge geben, wie sie mit den Kindern umgehen soll. Sie war sichtbar erleichtert nach dem Gespräch und richtig gelöst. Als wir dann beteten fiel dieser Frau ein Stein vom Herzen – und siehe da, kurze Zeit später kam die Nachricht, dass der Krebs verschwunden war. Wir sind im Nachhinein der Meinung, dass der Krebs durch den Stress entstanden ist und dass sich durch die „Wahrheit" der Knoten löste und so die Heilung möglich wurde. Man weiß, dass manche Krebsarten durch Stress entstehen können. Wir sehen also: Menschen brauchen Hilfe durch Gottes Wort – auch wenn es um Krankheiten geht. Die Wahrheit macht frei – nicht selten auch von Krankheiten!

Heilung ist keine oberflächliche Sache und keine Schminke. Ist es nicht herrlich, dass es innere Heilung gibt, die den Körper durchdringt? Da wo es wirklich weh tut? Gottes Botschaft hat so viele wichtige Aspekte die wohltuend und heilsam sind – wenn wir sie glauben! Aus diesem Grund nehme ich mir, wenn es möglich ist, lieber etwas mehr Zeit für Menschen, die krank sind und Gebet möchten. Es ist oft der falsche Ansatz einfach „nur für jemanden zu beten." Oft brauchen Kranke einen geistlichen Rat und das Problem kann nur mit Wahrheit gelöst werden.

Manche Menschen haben falsche Denkmuster, glauben Falsches, leben dementsprechend und nicht selten sind Krankheiten direkte oder indirekte Folgen davon.

Es besteht ein Zusammenhang zwischen unserem Denken, Fühlen und unserem Körper. Da ist ein fließender Übergang. Man sieht es ja schon an der Körperhaltung, ob jemand ermutigt oder entmutigt ist. Das was in unserem Kopf passiert, wirkt sich auf den Körper direkt aus! Ein cholerischer Mensch kann in einer Woche in seinen Wutanfällen so viel Gift entwickeln, dass damit eine Ratte getötet werden kann. Das frisst an der Gesundheit. Hier muss sich ein Mensch ändern. Er muss geistliche Strategien entwickeln mit seiner Wut umzugehen. Er braucht vielleicht Heilung an anderen Punkten, damit die Quelle der Wut versiegt...

Auch Sorgen und Trauer können einen schwer belasten und herunterziehen. Als Jakob hörte, dass sein geliebter Sohn tot ist, da begann ein schweres Leiden.

„Und Jakob zerriss seine Kleider und legte ein härenes Tuch um seine Lenden und trug Leid um seinen Sohn lange Zeit.“ 1Mose 37,34

Dabei war es eine Lüge! Joseph lebte! Aber weil Jakob einer Lüge glaubte wurde er „kalt.“ Solange er diese Lüge glaubte blieb er kalt!

„Und verkündeten ihm und sprachen: Josef lebt noch und ist Herr über ganz Ägyptenland! Aber sein Herz blieb kalt, denn er glaubte ihnen nicht.“ 1Mose 45,26

Erst als er die Wahrheit glaubte, wurde wieder das in ihm lebendig, was erstorben war.

„Da sagten sie ihm alle Worte Josefs, die er zu ihnen gesagt hatte. Und als er die Wagen sah, die ihm Josef gesandt hatte, um ihn zu holen, wurde der Geist Jakobs, ihres Vaters, lebendig. Und Israel sprach: Mir ist genug, dass mein Sohn Josef noch lebt; ich will hin und ihn sehen, ehe ich sterbe.“ 1Mose 45,27-28

Daran können wir sehr schön das Prinzip sehen, wie der Glaube an die Wahrheit unser ganzes Leben verändern kann.

Viele sind wirklich schwer krank, weil sie Falsches denken. So viele leiden unter Depressionen oder Burnout weil sie ungewollt Lügen glauben und sich Sorgen machen, weil sie sich unter Druck setzen oder mit falschen Prioritäten, Werten, Motivationen und Zielen leben. Oder sie arbeiten zu viel auch in den Gemeinden. Hier müssen wir den Menschen helfen, die „Wahrheit“ für ihre Situation zu erkennen und zu glauben, denn der Heilige Geist will sie in die Wahrheit leiten.

„Wenn aber jener, der Geist der Wahrheit, kommen wird, wird er euch in alle Wahrheit leiten. Denn er wird nicht aus sich selber reden; sondern was er hören wird, das wird er reden, und was zukünftig ist, wird er euch verkündigen.“ Johannes 16,13

Es ist nicht immer mit Handauflegen und Glauben getan. Manchmal ist das Problem tiefer und die Menschen müssen die Lügen erkennen, mit denen Satan sie knechtet, z.B.: „Du bist nur wertvoll, wenn du Leistung bringst!“ So eine Lüge reicht schon, um einen Ehemann früher oder später durch seinen Arbeitswahn in den Burnout zu treiben und die Familie zu ruinieren! Deshalb ist es so wichtig, dass wir Gott und sein Wort ernst nehmen und sein Reden hören, horchen und gehorchen.

„So ändert nun eure Einstellung und kehrt zu ihm um, damit der Herr eure Schuld auslöscht und die Zeit der Erholung anbrechen lässt.“ Apg. 3,19

Das griechische Wort für Buße kommt aus der Wortwurzel „umdenken.“ Deshalb übersetzen einige Bibelübersetzer den obigen Vers mit „Buße“ tun, andere übersetzen mit „Einstellung ändern“, andere wiederum „fasse neue Gedanken“ usw. Das gehört alles zur Umkehr. Gerade auch wenn es um die innere Heilung eines Menschen geht, denn von der Seele des Menschen zum Körper, ist es nicht weit. Die Bibel sieht bei Seele und Körper eine untrennbare Einheit!

Wir müssen uns bewusst machen, dass Gott mit dem Glauben zur Rettung mit uns erst am Anfang steht. Gott will, dass wir mit unserem ganzen Leben in Harmonie mit ihm leben. Das betrifft unsere Ziele, unsere Werte, unsere Prioritäten, bis hin zu den Motivationen! Dabei geht es auch konkret um unsere innere Heilung, die sich auf den ganzen Körper auswirkt. Gott hat einen Plan für dein Leben und will dich da hineinintegrieren! Dies erfordert aber Einsicht und dann bewusstes Arbeiten an diesen Punkten. **Dies bedeutet, dass wir die Bibel und unseren Kopf gebrauchen müssen – und zwar von ganzem Herzen!** Wenn wir mit selbstsüchtigen Zielen, weltlichen Werten, eigenen Prioritäten und egoistischen Motiven leben, ist es da ein Wunder, dass Gott uns nicht in seine Werke integrieren kann? Ist es da ein Wunder, dass wir falsch denken und falsch leben? Ist es da ein Wunder, dass er uns nicht segnen kann? Ist es da ein Wunder, dass wir wenig oder gar nichts mit Gott erleben außer für uns „langweilige Gottesdienste“? Es ist kein Wunder! Und deshalb ist es auch kein Wunder, dass wir keine Wunder erleben! Wir müssen uns ändern! Viele Probleme und Krankheiten würden sich lösen, oder vorgebeugt werden, wenn wir an diesen Punkten in Harmonie mit Gott leben würden.

Im Buch der Sprüche von Salomo lesen wir einiges über den Zusammenhang von Krankheit, und dem was in unserem Kopf passiert.

„Ein gelassenes Herz ist des Leibes Leben; aber Eifersucht ist Eiter in den Gebeinen.“ Sprüche 14,30

„Ein fröhliches Herz tut dem Leibe wohl; aber ein betrübtes Gemüt lässt das Gebein verdorren.“ Sprüche 17,22

Wir sehen auch hier, dass Gesundheit oder Krankheit eine Folge und Konsequenz unseres Denkens und Lebens ist.

Einmal erlebte ich eine seltsame Begegnung. Im Vorprogramm eines Gottesdienstes kam eine Frau nach vorne und sagte, dass sie mal wieder ins Krankenhaus muss. Während sie erzählte und auch durch die Art, wie sie das machte, hatte ich den Eindruck, dass es hier ein Problem gibt. Ich hatte über so etwas nie nachgedacht, aber plötzlich kam es mir so vor, als ob diese Frau ihre Leiden und Krankheiten dazu gebraucht, um Aufmerksamkeit und Mitleid zu erregen. Wir kennen das von Kindern. Sie kommen jammernd angelaufen und wollen nur, dass man sich um sie kümmert. Aber hier war es eine ältere Frau! War es denn möglich, dass man solch eine kindliche Vorgehensweise zu einer Lebensstrategie machen kann?! Die Frau setzte sich wieder, und der Gottesdienst ging weiter. Ich hatte die Predigt, aber danach kam die Frau und wollte, dass ich für sie bete!

Was sollte ich tun? Wir redeten, und ich versuchte mit aller Weisheit und Einfühlsamkeit ihr das Problem zu erklären. Sie war natürlich betroffen, aber sie erkannte, dass es so ist. Diese Frau hat sich ihr Leben lang Krankheiten eingeredet – um Aufmerksamkeit, Mitleid und Anerkennung zu bekommen. Bis sie selber daran glaubte – und andere auch. Aber nicht nur das! Sie hat sich die Krankheiten so lange eingeredet, bis sie wirklich krank wurde! Diese Frau brauchte seelsorgerliche Hilfe und nicht nur Gebet für Krankheiten, denn das Problem lag tiefer! Sie hatte eine krankhafte Lebensstrategie, und sie musste anfangen, neu zu denken und zu leben. Ich bin mir sicher, dass ich aus mir selber nie und nimmer auf die Idee gekommen wäre, wo hier das Problem liegt. Ich erschrak sogar über den Gedanken, und musste mich überwinden, das überhaupt anzusprechen. Solche Dinge kann uns Gott offenbaren, damit wir Menschen helfen können. Aber wir sollten sehr vorsichtig mit unseren „Eindrücken" sein. Wir könnten uns auch täuschen. Selbst wenn wir Recht haben, könnten wir unrecht handeln, indem wir unsensibel damit umgehen.

Kapitel 18

Stress

Dieser Punkt schließt sich dem vorigen nahtlos an. Stress ist zu einer Volksseuche geworden. So hat es eine Zeitung treffend formuliert. Die Medien sind voller Artikel über Burnout, Depressionen, Erschöpfungssyndrom, Überforderung,... Stress ist ein Turbo für verschiedenste Krankheiten und ein Beziehungskiller, weil keine Zeit bleibt, um die Beziehungen so zu pflegen, dass sie ein Segen sein können. Keine Zeit zum Ausruhen, das Essen hastig reinstopfen um Zeit zu sparen, Schlafzeiten verkürzen, mehr Aktivitäten in den Alltag packen. Schon Kinder hecheln oft von einem Termin zum nächsten und immer wieder lese ich in den Medien von Toten durch Stress. Sie haben gearbeitet bis zum Umfallen. Eine wohlhabende Frau berichtete im Fernsehen über ihren Alltag, und ich war entsetzt! Ihre Kinder waren völlig verplant! Von den Hausaufgaben zum Reiten, zum Schwimmen, zum Klavier, von einem zum anderen. Dann sagte sie, dass sie ihre Kinder direkt vom Schwimmen zu einem Entspannungskurs bringt, weil sie so gestresst sind... Ich war fassungslos.

Immer wieder erlebe ich, wie Menschen derart gehetzt und getrieben dann wollen, dass ich für sie bete, weil sie krank geworden sind. Selten sind sie einsichtig, wenn ich sie auf die Geschwindigkeit anspreche, in der sie leben. Sie wollen Gebet und Handauflegung und zwar so schnell wie möglich, weil sie keine Zeit haben, um sich das anzuhören, was ihnen vielleicht gut tun würde!

Wir brauchen auch den richtigen Rhythmus für unser Leben. Regelmäßige Schlafzeiten, Pausen, Ruhe, ... Napoleon hatte seiner Zeit die **Siebentagewoche** abgeschafft und eine **12 Tagewoche** eingeführt, um mehr Arbeitstage zwischen den freien Tagen zu haben. Er wollte durch das Verringern der freien Tage erreichen, dass seine Nation mehr arbeitet und leistet! Er wollte auf dem Weg zur Weltmacht Zeit gewinnen, aber das ging nach hinten los. Geschichtsschreiber berichten, dass es nicht lange gedauert hat, und Volk und Vieh ging am Stock daher. Napoleon kehrte daraufhin wieder zur Siebentagewoche zurück. Er glaubte nicht an Gott, aber er kannte die Überlieferung aus der Bibel und sagte, dass Mose da wohl einen Zufallstreffer mit dem Siebentagerhythmus gelandet hatte. Denn es war nicht von der Hand zu weisen, dass dieser Rhythmus der beste war.

Gott weiß, wie er uns geschaffen hat, und er weiß am besten, wie wir leben müssen, damit unser Leben gelingt. Sechs Tage sollen wir arbeiten und am siebten Tag sollen wir ruhen. Das hatte auch ich nicht beachtet. Ich habe einige Jahre ausgeprägte Stresssymptome gehabt, die sich immer wieder gemeldet haben. Als ich das Brummen in den Ohren das erste Mal hörte, stand ich nachts aus dem Bett auf, um den Hubschrauber zu sehen, der da so nahe über mein Haus flog! Aber da war keiner! Der war in meinem Ohr! Das kam immer wieder und ging auch wieder. Dazu Augenlidzucken... Seitdem ich angefangen habe, das Sabbatgebot zu halten und mein Leben intensiver und bewusster umzustellen, auch um Geschwindigkeit und Stress in meinem Alltag zu reduzieren, sind diese Symptome nicht mehr aufgetreten. Solche Symptome aber zu ignorieren, kann in Burnout und Depression führen.

Kapitel 19

Nicht vergeben wollen

Ich besuchte eine kranke Frau, die am ganzen Körper Narben hatte. Vom Gesicht bis zu den Füßen. Sie sagte, dass alles damit anfing, dass sie mit Worten übel beleidigt worden ist. Als sie das in sich hineinfraß, wirkte sich das auf die Haut aus! Sie platzte! Und das ging schon viele Jahre so. Ich erkannte deutlich, dass dieses Problem nur durch „Wahrheit" gelöst werden konnte – und durch Vergebung, was ja auch eine „Wahrheit" ist. Aber sie wollte nicht vergeben. Sie wollte auch nicht einsehen, dass Vergebung etwas anderes ist, als sie meinte. Sie meinte, dass sie mit Vergebung ausdrücken würde, dass die Verletzung nicht so schlimm war, oder dass Vergebung bedeutet, dass der andere „gerechtfertigt" wird, aber das ist ja nicht der Fall! Bei Vergebung geht es auch darum, dass wir selber von dem konkreten und direkten Einfluss des „Giftes" frei werden! Es wird kein Frieden und keine innere Heilung eintreten, wenn wir uns nicht emotional lösen. Vergebung ist der entscheidende Akt in diese Richtung. Menschen leiten durch böse Taten und Worte ein Gift Satans in uns hinein (bildlich gesprochen). Aber wie bereits erwähnt, setzt ein Choleriker tatsächlich Gift frei! Vielleicht geschieht das auch bei anderen negativen Regungen? In vielen Menschen ist ein Cocktail aus Wut, Schmerz, Hass... das macht uns krank! Dieses Gift muss raus! Aber diese Frau wollte nicht vergeben. Sie ließ es weiterhin zu, dass dieses Ereignis seit vielen Jahren eine Quelle wurde, durch die das Gift bis in die Gegenwart floss! Ich konnte sie leider nicht davon überzeugen, dass sie vergeben muss. Sie wollte, dass ich für sie bete, so dass sie äußerlich geheilt wird, aber das konnte ich nicht. Das Problem lag tiefer, aber hier blockte sie ab – sie blieb krank.

Jesus erzählte eine Geschichte über einen Knecht, der seinem Herrn eine gewaltige Summe Geld schuldete (Matth. 18,21–35). Er flehte um Gnade und sein Herr hatte ihm die Schuld erlassen. Aber obwohl ihm so eine gewaltige Schuld erlassen worden war, ging er unbarmherzig mit einem um, der ihm relativ wenig schuldete. Er wollte ihn zwingen, seine Schulden zu bezahlen. Das passte seinem Herrn gar nicht, und deshalb bekam dieser unbarmherzige Knecht seinen Schuldenberg zurück, wurde ins Gefängnis gesperrt und gefoltert, bis er bezahlt hat. Ja, Jesus hat krasse Geschichten erzählt. Was will uns Jesus dadurch sagen?

Zum einen geht es um das Verhältnis unserer Schuld Gott gegenüber und die Schuld anderer Menschen uns gegenüber. Wir neigen in unserer Selbstgerechtigkeit und Uneinsichtigkeit zu der Annahme, dass unsere Schuld Gott gegenüber nicht so groß ist, wie die Schuld anderer Menschen uns gegenüber. Aber das ist völlig falsch. Jesus will uns dahin bringen, dass wir diesen Punkt klar sehen. Dann wissen wir, dass andere Menschen eventuell schwer an uns gesündigt haben, wir sehen dann aber auch deutlich unsere Schuld Gott und anderen Menschen gegenüber.

Zum anderen geht es Jesus darum, uns zu zeigen, dass Gott uns unsere große Schuld vergeben will. Dann erwartet er aber auch, dass wir von dieser empfangenen Gnade an andere weitergeben, indem wir ihnen ebenfalls vergeben.

Wer anderen nicht vergeben will, der beweist damit entweder, dass er selber keine Vergebung empfangen hat, oder dass er der empfangenen Vergebung nicht würdig ist.

Jesus sagt deutlich, dass der Herr erst die Schuld erließ, dann aber bekam der unwürdige Knecht alle Schuld wieder und dazu Gefängnis und Folter! Ich lass mal die Blumen weg und sag es wie es ist: Viele sehen zu Recht in dieser Geschichte die Tatsache beschrieben, dass wir Menschen in die ewige Verdammnis kommen, wenn wir anderen nicht ebenso vergeben, wie Christus uns vergeben hat – und dann die gerechte Strafe für unsere Sünden erleiden müssen. Aber ich möchte auf etwas anderes hinweisen, was wir oft nicht bedenken: Wenn wir anderen nicht vergeben wollen, dann müssen wir nicht erst bis zur ewigen Verdammnis warten, damit uns die Folterknechte plagen, viele werden heute schon geplagt! Sie liegen nächtelang wach und leiden! Sie müssen immerzu an schmerzhafte Erfahrungen denken und Satans Folterknechte bearbeiten ihre Seele! Wie viele Menschen leiden Tag und Nacht harte Schmerzen deshalb an ihrer Seele? Das hat oft etwas mit eigener Schuld zu tun oder Sünde, die andere uns angetan haben. Und mit Seele meine ich den ganzen Menschen! Viele

Krankheiten können so ausbrechen. Die einzige Lösung für diesen erbärmlichen Zustand ist das Vergeben! Sonst wird keine Zeit der Erholung kommen können! Auch hier sind wir aufgefordert, wachsam zu sein und mit dem Kranken sensibel und vernünftig zu reden.

Es gibt eigentlich keinen, der nicht vergeben kann, sondern nur solche, die nicht erkennen wollen, wie viel ihnen selber vergeben wurde! Hier ist der Ansatz! Zeige den Menschen auf, wie viel ihnen vergeben wurde, und was es Jesus gekostet hat, sogar für seine Feinde zu leiden und zu sterben, um ihnen zu vergeben! Nur wer sich selber vor Gott als schuldig erkennt, kann auch barmherzig mit anderen werden!

Wenn Gottes Vergebung in uns fließt, dann können wir sie an andere weiterleiten. Wer aber in sich einen Staudamm errichtet und meint, alle Vergebung Gottes anstauen zu können und sich weigert, sie an andere weiterzuleiten, der ist in großer Gefahr. Er staut in sich Fluch statt Segen. Ich habe einen Bekannten, dem wurde der Schädel eingeschlagen, und dann wurde er angezündet. Er überlebte schwerverletzt und lag im Koma. Er erholte sich. Bei der Verhandlung stand er auf und sagte seinen „Mördern“: „Ich vergebe euch, damit ihr Jesus Christus kennenlernt.“ Das ist eines der gewaltigsten Wunder, die ich kenne. Darüber kann man sich wundern. Aber solch ein Wunder muss Gott in uns durch das Verstehen und Glauben des Evangeliums entfalten! Wenn wir nicht bereit sind, anderen zu vergeben, dann ist das entweder ein Hinweis darauf, dass wir das Evangelium nicht an den entscheidenden Punkten verstanden haben, oder dass wir auf das Evangelium nicht so reagiert haben, wie Gott es erwartet.

Es gibt einige Menschen, die sehr falsch, böse und gemein zu mir waren. Es gab Zeiten in meinem Leben, da gab es nichts anderes in meinem Kopf, als diese Menschen und das Übel, das sie mir angetan hatten. Bis in den Traum haben sie mich verfolgt! Ständig musste ich an sie denken. Aber wer geht daran kaputt? Ich oder sie? Ich mag im Recht sein, aber handle ich recht? Ich mag im Recht sein, aber komme ich so zu Freiheit und Frieden? Wohl kaum. Es dauerte nicht lange und ich merkte, dass ich kaputt gehen werde, wenn sich die Situation nicht ändert. Ich muss etwas ändern! Unabhängig davon, ob meine Feinde sich ändern! Ich muss mit ihren Gemeinheiten anders umgehen, sonst machen sie mich kaputt! Hier hilft nur das Vergeben und das Wissen: ***„Gott ist ein Rächer über alles.“*** 1. Thess. 4,6

Jetzt aber Vorsicht! Viele verstehen nicht ganz, was Vergeben heißt, und deshalb erscheint es ihnen unmöglich zu vergeben. Achtung:

Vergeben heißt nicht das begangene Unrecht klein zu reden, im Gegenteil! Kein Buch der Welt spricht so klar und deutlich über das Übel der Sünde wie die Bibel! Keiner ist aufgefordert so zu tun, als ob das begangene Unrecht nicht so schlimm war. Wenn jemand an dir schuldig geworden ist und sich bei dir entschuldigt, dann ist es die völlig falsche Reaktion zu sagen: „Ach, das war nicht so schlimm…“ Denn es ist schlimm! Es geht beim Vergeben nicht darum, Sünde zu verharmlosen!

Es geht beim Vergeben auch nicht darum, einen Straftäter zu decken! Manche Christen sind Opfer von konkreten Straftaten oder Zeugen und meinen, dass Vergeben heißt, dass sie den Straftäter weitermachen lassen sollen. Aber das ist völlig falsch! Damit macht man sich mitschuldig! Wir haben als Christen nicht nur das Recht die Polizei zu rufen, sondern sogar die Pflicht, wenn es sein muss, um uns und andere zu schützen.

Die optimale Voraussetzung, um einem Menschen zu vergeben ist natürlich dessen Einsicht, dessen Entschuldigung und dessen Absicht das begangene Unrecht so gut wie möglich wieder gut zu machen. Ohne diese Einstellung kann man einem Menschen vergeben, um sich emotional von ihm und dem begangenen Unrecht zu befreien, aber die Beziehung wird dadurch nicht wieder hergestellt, weil die Grundlage dazu fehlt.

Wenn man einem Menschen vergibt, dann heißt das auch nicht, dass alles so weitergeht, wie vor der Schuld. Das ist völlig unvernünftig.

Ein Beispiel: Wenn ein Mitarbeiter bei unseren Evangelisationen mit seinem Charakter oder seinen Fähigkeiten an seine Grenze kommt und einen Fehler macht, dann kann er das einsehen, und es kann ihm vergeben werden. Aber das heißt unter Umständen trotzdem, dass sein Dienst beendet ist. Ich hatte z.B. einen Übersetzer, der sich immer wieder nicht im Griff hatte und anstatt zu übersetzen, anfing sich aufzuspielen und dann Dinge beim Übersetzen hinzufügte, um die Menschen zum Lachen zu bringen. Ich habe ihm vergeben. Aber ich konnte es nicht mehr verantworten, dass er weiter macht, denn es zeigte sich, dass er für diesen Dienst nicht der Richtige war. Ich betone das deshalb, weil es mir öfters passiert ist, dass Menschen sich bei mir entschuldigt haben und dann sogar gefordert haben, dass alles so weiterging wie vor der Schuld. Wenn ich das nicht gutheißen konnte, dann wurde mir vorgeworfen, dass ich nicht vergeben hätte! Aber das ist falsch. Vergeben ist das eine. Natürliche und vernünftige

Konsequenzen sind das andere. Das hängt natürlich von den Umständen ab.

Wie gesagt: Die optimale Grundlage um zu vergeben, ist die bußfertige Einsicht des Schuldigen. Wenn er sich geändert hat und man deshalb ein anderes Verhalten erwarten kann, dann ist es nicht so schwer, ihm zu vergeben. Wenn ein Schuldiger wirklich einsichtig geworden ist, dann ist auch eine Strafe überflüssig. Er hat ja kapiert, was er Falsches getan hat, und weil er wirklich zur Einsicht gekommen ist, will er das begangene Unrecht auch wieder gut machen. Wenn ein Mensch sich entschuldigt, aber das begangene Unrecht nicht gut machen will, dann ist das ein Beweis dafür, dass er sich nicht wirklich geändert hat, und sich auch nicht aufrichtig entschuldigt.

Selten werden sich Menschen für ihr begangenes Unrecht bei dir entschuldigen und noch seltener werden sie es wieder gut machen. Das kann gefährlich werden, denn dieses Unrecht nagt an uns. Wir Menschen leiden an dem, was andere uns angetan haben. In uns kann ein Mix aus Wut, Hass und Schmerz Schlimmes anrichten. Rache wird nie den Frieden bringen, den wir erstreben, sondern die Probleme nur erweitern. Vergebung ist dann der einzige Weg, um aus diesem Teufelskreis zu kommen.

Mir hilft dabei der Gedanke, dass diese Menschen wohl nicht wissen, was sie tun. Manche von ihnen meinen tatsächlich, dass sie Gott einen Gefallen damit tun, mich ruinieren zu wollen. Ich mache mir dann bewusst, dass diese Menschen nicht wissen, was sie tun, oder gar von Satan verführt sind. Ich mache mir auch bewusst, dass diese Menschen unter anderen Umständen beste Freunde sein könnten – und es sogar noch werden können! Einmal habe ich das sogar erlebt! Ein Bruder, der uns gewaltige Probleme in der Gemeinde machte, uns zur Verzweiflung brachte und fast dazu, dass wir die Polizei rufen mussten, dieser Bruder hat sich geändert. Er ist heute jemand, der unseren Dienst mit allem unterstützt was er hat und kann. Wir sehen uns immer wieder und freuen uns herzlich! Das gibt es! Aber leider selten.

Der eigentliche Gegner ist Satan! Gegen den kämpfen wir! Der will uns fertig machen! Also bete ich für diese Menschen, die mir Übles angetan haben und sage Gott, dass ich ihnen vergebe, denn ich weiß, dass Gott alles dafür tut, dass auch sie zur Erkenntnis der Wahrheit kommen – und wenn das wirklich passieren sollte, dann kann aus einem Saulus ein Paulus werden! Dann ist das ein neuer Mensch! Dann ist das Alte vergessen und alles ist neu geworden! Dafür bete ich und vergebe ihnen.

Ich glaube, dass Satan mich fertig machen will, indem er mich an vergangene Bosheiten erinnert, die mir angetan worden sind. In solchen Momenten spüre ich, wie das Gift der Schlange durch mich fließt. Dann bin ich in Gefahr etwas zu tun, was ich mein Leben lang bereuen könnte und mich völlig ruiniert. Dann hätte Satan sein Ziel erreicht! Aber in dem Moment, wo ich anfange, den Spieß umzudrehen und für diese Menschen zu beten, die mir Übles getan haben, in dem Moment hört das Gift auf zu fließen und Satan flieht! Dann fließt Gottes Segen, und Frieden erfüllt mich, und das ist die einzige Möglichkeit diesen Giftfluss zu stoppen!

Mache dir das bewusst! Wenn Satan uns versucht, dann will er, dass wir leiden oder sündigen. Letztlich will er uns völlig ruinieren. Wenn wir dann aber geistesgegenwärtig ins Gebet gehen, dann erreicht er ja genau das Gegenteil, von dem was er wollte! Deshalb hört er dann auch auf und flieht! Wenn wir uns das zur Angewohnheit machen, dann wird Satan an dem Punkt auch ganz aufhören.

Aber Vorsicht! Vergeben heißt nicht, dass man alles Unrecht hinnehmen muss. Ich staune immer wieder, was für Dinge in den Gemeinden akzeptiert und unter den Teppich gekehrt werden! Man lässt Sünder weitermachen, weil man als Gemeinde keinen heiligen Anspruch mehr hat, man schützt die Schwachen nicht, weil man zu feige ist, den Bösen zu sagen, was Sache ist! Da werden Ehefrauen von ihren Männern misshandelt und umgekehrt und keiner greift ein, da werden Frauen von ihren Schwiegermüttern terrorisiert und keiner stoppt sie, da machen einzelne „Geschwister" den Gottesdienst zu einer Plage für alle, und man lässt sie gewähren, bis immer weniger kommen. Warum? Ist die Bibel nicht voller Anweisungen, wie man mit solchen Störenfrieden umgehen soll? In Norwegen, wo ich immer wieder Dienste tue, haben sich die Gemeinden einer Region geweigert einige Menschen so anzupacken, wie es Gott vorschreibt. Wegen eines Mannes kamen viele andere nicht mehr zum Gottesdienst und manche von ihnen brachen in Tränen aus, wenn sie nur seinen Namen hörten! Aber man weigerte sich den Mann konsequent zu ermahnen, wie Gott es in seinem Wort vorschreibt. Unfassbar! Zu einer lebendigen Gemeinde gehört auch, dass Sünde nicht toleriert wird! Zu einer lebendigen Gemeinde gehört auch, dass man Menschen schützt und ihnen hilft! Es ist an der Zeit, dass wir aufwachen und uns wieder gegenseitig ermahnen und beibringen, wie man sich verhält! Es ist doch kein Wunder, dass dann so viele Menschen ein Problem damit haben, zu vergeben. In den meisten Fällen wird ihnen nicht geholfen! Ihre Situation wird nicht geändert! Sie sollen vergeben und weiterhin das Leid ertragen! Vergeben ist die eine Seite. Aber ich würde mich nicht scheuen, in manchen Fällen sogar die Polizei zu rufen. Menschen leiden unter anderen Menschen und manche werden konkret misshandelt und missbraucht! Das ist kriminell und da haben wir das Recht und die Pflicht zu handeln. Paulus wurde einmal unschuldig geschlagen und ins Gefängnis gesperrt. Als man merkte, dass er römischer Bürger ist, brach die Angst aus. Es war nämlich streng verboten einen römischen Bürger ohne Urteil so zu behandeln! Dann kamen sie und wollten Paulus beschwichtigen und durch die Hintertüre rauslassen. Aber er sagte ihnen klar und deutlich, dass die Hauptleute kommen und sich entschuldigen sollen (Apg 16, 17)! Was ist hier los? Ganz einfach! Paulus wusste, dass sie das mit allen Christen so machen werden, wenn er hier nachgibt! Auch wir Christen haben Rechte! Viele denken, dass man sich als Christ alles bieten lassen muss, dass man alles dulden muss und dass man sich nicht wehren darf. Aber ganz so einfach ist das nicht! Als Jesus bei der Verhandlung zu Unrecht geschlagen wurde sagte er auch: ***„Jesus antwortete: Habe ich übel geredet, so beweise, dass es böse ist; habe ich aber recht geredet, was schlägst du mich?“*** Johannes 18,23

Wir dürfen im Geiste Christi deutlich und bestimmt aber mit Sanftmut auf das Unrecht hinweisen. Das heißt nicht, dass es immer etwas bringt, aber Jesus ist uns auch hier ein Vorbild.

> SANFTMUT IST KEINE KNOCHENLEERE HAND,
> SONDERN EINE EISENHAND MIT SAMTHANDSCHUHEN!

Ein Sanftmütiger ist kein Schwächling, sondern er steht auf für das Recht und gegen das Unrecht und das mit Mut und Demut!

Wir vergelten nicht Böses mit Bösem, aber wir haben als Christen auch Rechte und auf die dürfen wir hinweisen. Auf jeden Fall haben wir auch Pflichten! Es ist unsere Pflicht anderen zu helfen und sie zu schützen! Wir haben keinen Auftrag andere nur zu vertrösten und zu beschwichtigen. Viele gehen völlig gefährlich mit dem Thema „Vergebung“ um. Wenn mich ein Betrunkener im Park angreifen würde, dann könnte ich ihm vergeben, so dass ich ihn nicht hasse oder zusammenschlage. Aber ich würde ihn trotzdem packen und zur Polizei schleppen, weil er eine Gefahr für die Öffentlichkeit ist! Wenn ein betrunkener Autofahrer mit seinem Auto in meins krachen würde, dann könnte ich ihm vergeben. Aber ich würde ihn anzeigen, weil ich mich nicht mitschuldig machen will, wenn er nächstes Mal besoffen ein Kind totfährt! Ich habe schon einige der Polizei übergeben. Manche haben mir auf der Straße Drogen angeboten – ich habe die Polizei gerufen und sie zum Dealer hingeführt. Ein anderes Mal sah ich drei junge Leute, die eben ausgeraubt worden waren und schnappte mir den einen Bandit und knotete ihn an ein Geländer bis die Polizei kam. Was ich in den Gemeinden vermisse ist einfach der tatkräftige Einsatz für unsere Geschwister und Mitmenschen. Gut, ich verstehe, dass nicht jeder so in solchen Situationen umgehen kann, aber ich denke, dass jeder von uns mehr tun könnte. Viele verstehen das Vergeben so, dass sie nichts gegen den Täter unternehmen dürfen. Es ist gleichbedeutend mit dem, dass sie dem Schuldigen einen Freibrief für weitere Sünden geben. Aber das ist falsch. Vergebung ist die eine Seite, aber die Bedrängten brauchen auch konkrete Hilfe!

Lest dazu den 3. Johannesbrief, der sich mit dem Thema befasst. Auch 2. Tim. 4,15.

Wer vergibt, der wird oft als Schwächling angesehen, aber bei näherer Betrachtung wird das Gegenteil sichtbar. Sich rächen und zurückschlagen kann jedes Kind. Aber Vergeben kann mitunter ein harter Kampf sein, den nur diejenigen gewinnen können, die es Gott erlauben, Christus in ihnen zu verwirklichen. Nur wenn sich Gottes Wesen der Liebe in uns entfalten kann, allen Anfechtungen und Versuchungen zum Trotz, kann der Friede Gottes erhalten bleiben.

Vergeben ist auch selten eine einmalige Angelegenheit. Ich kann hier nur aus eigener Erfahrung sprechen. Ich werde mir immer wieder im Alltag bewusst, dass ich verschiedenen Gedanken nachgehe, die ich eigentlich längst nicht mehr denken will. Ich fahre im Auto, oder hacke Holz, oder laufe mit den Hunden, und plötzlich schweifen meine Gedanken wieder zu einer längst geschehenen Geschichte. Ich habe gewisse Situationen und Personen vor Gott gebracht, ihnen vergeben und Frieden gefunden, aber plötzlich sind sie wieder da! Und das Gift beginnt wieder zu fließen! Da hilft nur eines: Wieder ins Gebet gehen und die Vergebung „erneuern." Manchmal sage ich einfach nur zu Gott: „Schau! Der Teufel will mich wieder daran erinnern! Danke, dass ich darüber nicht mehr nachdenken muss." Und fertig. Aber Satan wird es eventuell immer wieder versuchen! Also wachsam bleiben.

Wir müssen lernen, unsere Gedanken zu kontrollieren, und wie ein Virenschutzprogramm im Computer schlechte Gedanken ausfiltern. In 2.Korinther 10,5 steht: ***„Jeden Gedanken gefangennehmen unter den Gehorsam Christi.“***

Kapitel 20

Krankheit von Gott kommend

Oft habe ich auf Konferenzen gehört, dass Krankheiten nie von Gott kommen, sondern immer von Satan. Aber in der Bibel lesen wir etwas anderes. Hier ein paar Beispiele: **Verletzung von Gott:** ***„Jakob hinkte sein Leben lang, nachdem er mit Gott gekämpft hat.“*** 1Mose 32,31–32

Krankheit als „Heilmittel“: Miriam, Moses Schwester bekam Aussatz, weil sie anmaßend wurde. Dadurch sollte sie erkennen, dass sie schwer gesündigt hatte, um sich zu ändern (4Mo 12,9–10). Die Krankheit war damit ein Heilmittel.

Krankheit als Strafe: Elisas Diener wurde wegen seiner geldgierigen Heuchelei mit schwerem Aussatz befallen und nicht mehr geheilt. (2Könige 5,27) Herodes wurde von Gott mit einer aggressiven Krankheit für seine Anmaßung belegt und starb elendig. (Apg 12,23)

Hananias und Saphira fielen wegen ihrer vorsätzlichen Sünde gegen Gottes Geist augenblicklich tot um (Apg 5,1-11). Das war und ist eine Warnung für die Gemeinde.

Ich habe es bereits erwähnt, dass Gott nicht der Erfinder und Produzent von Krankheiten ist. Grundsätzlich gilt: Gott muss Krankheiten als Konsequenz der globalen Sünde zulassen, weil sie eine Folge des Sündenfalls sind. In diesem Fall können wir davon ausgehen, dass Gott Mitleid mit unseren Leiden empfindet und den Tag herbeisehnt, an dem diese Leidenszeit für alle Menschen ein Ende haben wird.

Wir kommen aber nicht an dem Punkt vorbei, dass Gott mit den besten Absichten auch Krankheiten zulassen oder einsetzen kann. In solchen Fällen sollen Krankheiten und Leidenszeiten heilsam und belehrend sein. Krankheiten können auch andere Gründe und Möglichkeiten in sich bergen, wie ich noch aufzeigen werde.

Gott sieht nicht gleichgültig zu, wie wir uns und andere mit unseren Sünden ruinieren. Es ist Gott nicht egal, wie wir leben! Gott will, dass unser Leben gelingt, und deshalb sagt er uns klipp und klar, wie wir leben sollen. Dann ist es aber nur recht, dass Gott auch die andere Seite anspricht. Denn wer nicht in Harmonie mit Gott leben will, der muss die Folgen und Konsequenzen erleiden, und wir kommen nicht daran vorbei, dass Gott hier wirklich Klartext redet. Nicht nur davon, dass Krankheiten eine Konsequenz und Folge unseres Handelns sein können, sondern in bestimmten Fällen konkret und direkt von Gott gewirkt! Auch in diesen Fällen sollen die Krankheiten dazu führen, dass Menschen aufwachen, begreifen und umkehren! Gottes Ziel und Absicht ist also nicht das Leid der Menschen. Gott erfreut sich nicht daran! Gott hat kein Gefallen daran, dass Gottlose leiden und sterben.

„So sprich zu ihnen: So wahr ich lebe, spricht Gott der HERR: Ich habe kein Gefallen am Tode des Gottlosen, sondern dass der Gottlose umkehre von seinem Wege und lebe. So kehrt nun um von euren bösen Wegen. Warum wollt ihr sterben, ihr vom Hause Israel?“ Hesekiel 33,11

Was Gott anstrebt, das ist die Einsicht der Menschen und ihre Umkehr.

Gott sagt es in 5 Mose 28 klipp und klar, welche Segnungen und Flüche er gibt. Lies es selber nach. Da sagt Gott deutlich, dass er selber diese Segnungen – aber auch diese Flüche und Krankheiten gibt, je nach dem ob ein Mensch Gott gehorsam oder ungehorsam ist. Ganz am Anfang habe ich die Aussage der Bibel zitiert, dass Gott sagt: ***„Ich bin der Herr dein Arzt.“*** Aber an diesem Punkt angekommen, will ich dir nicht die ganze Bibelstelle vorenthalten:

„Wirst du der Stimme des Herr, deines Gottes, willig gehorchen und tun, was vor ihm recht ist, auf seine Gebote achten und alle seine Gesetze halten, so will ich keine der Krankheiten auf dich legen, die ich auf Ägypten gelegt habe; denn ich bin der Herr dein Arzt.“ 2Mose 15,26

Deutlicher geht es nicht. Hier steht deutlich, dass Gott unser Arzt ist. Hier steht aber auch deutlich, dass Gott Krankheiten auf Menschen legen kann. Und es steht hier auch deutlich, was entscheidend ist, ob Gott das eine oder das andere tut.

Es gibt also deutliche Aussagen in der Bibel, die uns zeigen, dass Krankheit auch von Gott kommen kann. Ich kann es nachvollziehen, dass man aus Mangel an Informationen diesen Punkt nicht ganz einordnen kann. Aber was ich nicht verstehen kann, ist die Tatsache, dass Redner, die es besser wissen sollten, behaupten: „Gott würde nie eine Krankheit schicken!" Das sind konkrete Falschaussagen bewusst oder unbewusst.

Leider sind viele Menschen so geartet, dass sie nur das glauben, was ihnen passt und diese Wahrheit passt vielen nicht. Sie wollen nur einen „einseitigen" Gott der Liebe und Heilung, aber Gott ist nicht einseitig, er heilt nicht nur, sondern er verteilt auch da und dort Krankheiten, wenn es angebracht ist. Manchmal ist es die **einzige Möglichkeit** zur Änderung, oder dem Verhindern von größerem Schaden, oder die **letzte Möglichkeit,** einen verhärteten Ungehorsamen von seinem Weg ins Verderben abzubringen. Es gibt so viele Berichte von Menschen, die genau diese Wahrheit bestätigen.

> ANGESICHTS DER GEISTLICHEN REALITÄT UND NOT IN DER MANCHER IST, KANN EINE KRANKHEIT EIN HEILMITTEL GOTTES SEIN!

Ich sah bei einem Gottesdienst aus einem Glasfenster, dass ein amerikanisches Auto, ein alter Lincoln stoppte. Mit viel Mühe stieg ein gelähmter Mann heraus, der sich langsam voranschob, und es in die Gemeinde schaffte. Der Mann strahlte über das ganze Gesicht. Als ich ihn nach dem Gottesdienst nach seiner Geschichte fragte, stellte es sich heraus, dass vor mir ein echter Abenteuerer saß. Er hatte Harley Reisen durch die Wüsten organisiert, er war Tankerkapitän von Beruf und kommandierte den letzten Öltanker im Golfkrieg. Er saß damit auf einer riesigen Bombe und genoss das Adrenalin! Er liebte das Abenteuer und den Nervenkitzel. Doch ein Sturz vom Fahrrad veränderte alles. Er war gelähmt und wollte sterben. Heute sieht er das Leben aus einer anderen Perspektive. Er sagt selber, dass er Gottes Weg mit ihm akzeptieren kann, weil er ohne den Sturz nie zu Gott und dem ewigen Leben gefunden hätte. Ähnliches habe ich von einem ehemaligen Hürdenläufer gehört, der jetzt ebenfalls im Rollstuhl sitzt. Er sagte: „Ich danke Gott für den Unfall, denn gesund wäre ich Gott über alle Hecken und Zäune davongesprungen..."

Oft muss Gott im Leben der Menschen eine „Notbremse“ ziehen. Nur wenn sie in echte Not kommen, bremsen sie und kehren um. Anders leider nicht. In diesem Fall hat Gott gute Absichten und gute Ziele!

Jesus hat mitunter krasse Dinge gesagt. Folgende Aussage gehört mit Sicherheit dazu.

„Es ist besser für dich, dass du lahm oder als Krüppel zum Leben eingehst, als dass du zwei Hände und Füße hast und ins ewige Feuer geworfen wirst.“ Matth. 18,8

Hier wird gesagt, dass Krankheit oder Behinderung auch von Gott zugelassen wird, aber das Prinzip wird deutlich. „Es ist besser“, sagt Jesus, und er hat Recht. Es wird im Himmel keinen geben, der sich darüber beklagen wird, dass Gott eine Behinderung zugelassen oder zugefügt hat, wenn ihn diese zum Umdenken und letztlich zu Gott gebracht hat.

Jesaja prophezeite, dass Jesus unsere Krankheiten und Schmerzen auf sich genommen hat. Wir merken dabei aber, dass dies nicht zwingend heißt, dass jeder Gläubige geheilt wird und Christen keine Schmerzen haben, oder keine Brille tragen dürfen. Sondern es kann das Gegenteil der Fall sein! Durch eine Krankheit kann einer zum Glauben und zum ewigen Leben kommen! Und dennoch hat Jesus unsere Krankheit und Schmerzen auf sich genommen. In diesem Fall heißt das, dass der bekehrte Sünder im Gericht nicht die Strafe bekommt, die er verdient, und dass er nicht die Schmerzen erleiden muss, die seine Sünden wert sind, sondern Jesus hat seine Strafe stellvertretend gelitten und seine Krankheit und Behinderung wird ihm in der Auferstehung oder Entrückung genommen. Er wird im ewigen Leben gesund sein und einen vollkommenen Körper haben, aus reinster Gnade!

Kapitel 21

Heilung durch Gehorsam

Für den Fall, dass Ungehorsam oder eine konkrete Sünde die direkte Ursache für eine von Gott gegebene Krankheit ist, dann will Gott damit etwas Gutes bezwecken. In solchen Fällen ist der einzige Weg zur Genesung die konkrete Einsicht und Umkehr. Ich habe Geschichten von Gläubigen gehört, die sehr interessant sind und in diese Richtung gehen. Ein Bruder wurde krebskrank und ließ die Ältesten für sich beten, aber es wurde nicht besser. Schon lange hatte er eine gewisse Sache auf seinem Herzen, aber er wollte sie nicht ändern. Ich könnte hier schreiben, um was es konkret ging, aber das ist uninteressant, denn in Wahrheit geht es um Gehorsam und nicht nur um die konkreten Dinge! Es gibt keinen großen Gehorsam, oder kleinen, es gibt keinen Gehorsam in wichtigen Dingen oder unwichtigen, sondern es geht um unsere Einstellung zu Gott! Es ging im Paradies auch nicht um die „Frucht", sondern um den Gehorsam, der damit verbunden war. Und damit geht es um die reale Beziehung zu Gott, das konkrete Vertrauen und Leben in Harmonie mit Gott.

Aber dieser Bruder wollte nicht gehorchen. Die Last auf seinem Gewissen wurde immer drückender und seine Krankheit wich nicht. Dann gab er sich einen Ruck und gehorchte. Als er dann Tage später wieder zum Arzt ging, war der Krebs weg. Er selber ist seit dem überzeugt davon, dass hier der Zusammenhang war, zwischen seinem Ungehorsam und der Krankheit und dem Gehorsam und der Heilung. Es liegt vermutlich in unserer Natur, dass es uns einfacher fällt Dinge zu glauben, die wir genau so auch erlebt haben. Würde er das glauben, nur weil er es erlebt hat, dann wäre es „Erfahrungstheologie." Aber weil er seine Erfahrung mit dem Wort Gottes abgleicht, kommt er zu diesem Schluss. Er hat es so erlebt und so steht es auch in der Bibel. Miriam, Moses Schwester wurde wieder gesund, nachdem sie Buße tat. Was würde es nutzen, dass dieser Bruder auf Heilungsgottesdienste rennt, von einem Starprediger zum anderen? Ich habe viele genauso erlebt. Viele rennen vor Gott, seinem Willen und seinem Wort weg und wollen es nicht wahrhaben. Aber es ist eine biblische Tatsache: Krankheit kann von Gott kommen und eine Folge von konkretem Ungehorsam sein. In diesem Fall wird nichts helfen, außer Buße und konkreter Gehorsam gegenüber Gott – und zwar nicht, um gesund zu werden (!) sondern weil Gehorsam an Gott das Richtige ist, egal wie es mit der Krankheit weitergeht.

Nach einer Vortragsreihe zu diesem Thema bekam ich einen Brief von einer Frau. Darin berichtete sie, dass sie ein unheilbares Augenleiden hatte, welches in der Situation eines Erbstreites aufkam und seitdem da war. Sie verstand während der Vorträge, dass da der Zusammenhang war, und sie schrieb, dass ihr Augenleiden verschwunden ist, seitdem sie sich mit ihrer Schwester versöhnt hat.

Vorsicht! Das heißt nicht, dass jeder Kranke einen heimlichen Punkt hat, der ihm klar bewusst ist, an dem er ungehorsam ist! Und selbst wenn das der Fall sein sollte, heißt es auch nicht, dass die Krankheit immer dann weicht, wenn aufrichtig Buße getan wurde. Jeder Mensch ist in einer anderen Situation und es kann andere Gründe dafür geben, warum jemand krank ist und es kann andere Gründe geben, warum die erwartete Heilung ausbleibt. Grundsätzlich kann gesagt werden, dass jeder Mensch von jeder Sünde und Ungehorsam Gott gegenüber umkehren sollte, und zwar weil es in sich richtig und wichtig ist, und nicht wegen der Motivation, geheilt zu werden. Wer nur umkehrt, um geheilt zu werden, der offenbart eine egoistische Haltung. Der hat vielleicht noch nicht begriffen, wie gefährlich und schädlich die Sünde für ihn und andere ist, die er weiterhin praktizieren will. Aber wenn persönliche Schuld die Ursache für Krankheit ist, dann gehört die Einsicht und Buße dazu, um gesund zu werden.

Wir haben also festgestellt, dass es verschiedene Ursachen für Krankheiten gibt. Sünde anderer, eigene Schuld, direkter oder indirekter Einfluss Satans, falsches Denken, Stress, nicht vergeben wollen, oder eben auch durch Gott, der damit heilsame Absichten hat. Jetzt wollen wir uns auch anschauen, dass die Bibel verschiedene Lösungen für Krankheiten aufzeigt.

Kapitel 22

Gott geht mit Krankheit unterschiedlich um

Ich habe oft die Meinung gehört: „Es ist völlig egal, welche Krankheit einer hat, oder aus welchem Grund, denn Gott heilt alle jetzt und hier, wenn wir glauben." Diese Haltung ist weit verbreitet, aber unbiblisch und falsch. Wir wollen einmal in die Bibel schauen: Paulus heilte viele Menschen im Namen Jesu, aber nicht alle! Paulus berichtet, dass er einen krank in einer Stadt zurück ließ.

„Erastus blieb in Korinth, Trophimus aber ließ ich krank in Milet." 2 Tim 4,20

Warum blieb er krank? Paulus erklärt das nicht. Paulus muss nicht alles wissen, er muss nicht alles verstehen, er muss nicht alles kommentieren und erklären, er muss sich und Gott dafür auch nicht rechtfertigen und:

Paulus muss anderen aber auch nichts vormachen!

Paulus war nicht mit „Erfolgsberichten" unterwegs, sondern mit der Wahrheit! Und die Wahrheit ist, dass nicht alle jetzt und hier geheilt werden! Die Wahrheit ist, dass wir nicht immer wissen, warum jemand krank wurde oder krank bleibt! Die Wahrheit ist, dass wir nicht jedem helfen können und dass wir immer wieder an unsere Grenzen stoßen. Weil Gott weiß, was er tut, und wer sind wir, dass Gott uns immer in alles einweihen muss?! Er geht auch seinen Weg mit dem Kranken.

Ich habe mich immer wieder gefragt, warum ich auch vor einem Kranken stehe und keine Ahnung habe, wie ich ihm helfen könnte. Keine Leitung Gottes, kein Auftrag ihn im Namen Jesu zu heilen, nichts. Warum? Irgendwann dämmerte es mir. Eine Stimme sagte mir: „Du kannst nicht die persönliche Beziehung mit Gott und das persönliche Hören auf Gott bei diesem Menschen ersetzen. Das hier braucht dich nichts anzugehen, überlasse das mir. Sage ihnen einfach, dass sie mich suchen sollen, ich weiß schon, was ich tue."

Es ist einfach nicht richtig, dass alle jetzt und hier geheilt werden, wenn sie nur glauben. Auch Jesus hat nicht alle geheilt! Ich habe das bereits erwähnt (Markus 1,29-39). Wie viele Menschen sind an diesem Tag enttäuscht worden? Wie viele hatten sich abgemüht um ihre Liebsten zu Jesus zu bringen und Jesus ging weiter?! Aber daran sehen wir: **Jesus ist nicht gekommen um alle Konsequenzen der Sünde für das Leben der ganzen Menschheit einfach aufzuheben.** Dann müsste er die ganze Welt verwandeln, aber das wird erst bei seiner Wiederkunft der Fall sein!

Erst wenn Jesus wieder kommt, werden die Toten auferstehen. Bis dahin werden wir leider immer wieder mit den Konsequenzen der Sünde konfrontiert und bis dahin müssen wir auch sterben. Erst wenn Jesus das zweite Mal kommt, werden wir in Gottes neue Welt kommen, in der es keine Krankheiten und keinen Tod mehr geben wird. Und solange wir sterben, werden wir an irgendetwas sterben müssen! Lazarus wurde von den Toten auferweckt, aber später starb er auch an irgendetwas. Elisa, der große Prophet Gottes, starb z.B. an einer Krankheit (2Könige 13,14). Wie wir das einordnen sollen, werden wir nachher sehen. Aber wir müssen als glaubende Christen einsehen, dass wir in dieser gefallenen Welt leben und dass es nicht ungewöhnlich ist, dass geisterfüllte Menschen mit Krankheiten leben und sterben. Es ist völlig falsch denen zu glauben, die behaupten: „Ein Christ darf nicht krank sein!" Die Bibel berichtet etwas anderes. Jesus ist nicht gekommen um Heilung und Wohlstand für alle herbeizuführen, wie viele behaupten. Wir sind noch nicht im Himmel! Haben das einige übersehen? Hier wird das erste und zweite Kommen Jesu verwechselt und beides in einen Topf geworfen. Jesus ist nicht gekommen, um alle zu heilen, sondern um stellvertretend für unsere Sünden zu leiden und der Beweis dafür, dass er die Vollmacht dazu hat, Sünden zu vergeben, erbringt er durch die Zeichen und Wunder, die er vor den Augen der Menschen tat. Aber Jesus hatte Prioritäten! Er ging lieber in die anderen Ortschaften um das Evangelium vom Reich Gottes zu verkündigen, als dass er hier noch mehr Menschen heile. „Denn dazu bin ich gekommen!" Schon hier sehen wir die Priorität beim ersten Kommen Jesu.

Wir sehen also, dass es Heilungen gibt, aber Gott heilt nicht alle. Wenn Gott nicht heilt, dann kann er verschiedene Ziele haben. Zum Beispiel Folgendes:

Kapitel 23

Krankheit die zum Tod führt

Als aber Elisa an der Krankheit erkrankte, an der er sterben sollte, kam Joasch, der König von Israel, zu ihm hinab und weinte vor ihm und sprach: Mein Vater, mein Vater! Du Wagen Israels und sein Gespann!" 2 Könige 13,14

Extrem interessant und wichtig ist der Bericht von Elisa. Er wurde krank mit einer Krankheit zum Tode. Ist das denn möglich? Dieser große Prophet, durch den Gott gewaltige Wunder vollbrachte, starb an einer Krankheit?! Wie sollen wir das verstehen?

Denk mal nach: Ist das denn so schlecht? Jemand der krank wird und merkt, dass es dem Ende entgegen geht, der kann noch mal alles überdenken, er kann sein Leben ordnen, Dinge klären, Frieden schließen, vergeben ... wie schlimm ist es, wenn jemand unerwartet aus dem Leben scheidet? Da streitet sich ein Ehepaar, der Mann haut die Türe zu und fährt weg und ... stirbt bei einem Autounfall!!! Die Frau kann sich ihr Leben lang nicht vergeben! Erkennst du die positive Seite bei Elisas Krankheit? Jeder muss irgendwann sterben. Elisa bekam die Gelegenheit von Gott, sein Leben zu ordnen und Abschied zu nehmen. Das ist Gnade, Segen, Ehre von Gott und die Möglichkeit ein gewaltiges Zeugnis und Licht zu sein! In diesem Fall ist die Krankheit keine Strafe, sondern Gnade! Aber nicht jeder weiß dies zu schätzen. Hiskia bekam im Prinzip die gleiche Botschaft wie Elisa.

„Zu der Zeit wurde Hiskia todkrank. Und der Prophet Jesaja, der Sohn des Amoz, kam zu ihm und sprach zu ihm: So spricht der HERR: Bestelle dein Haus, denn du wirst sterben und nicht am Leben bleiben." Jesaja 38,1

Was sich auf den ersten Blick wie eine harte Botschaft anhört ist in Wahrheit reine Gnade! Hiskia bekam die Gelegenheit sein Leben und sein Lebenswerk in Ordnung zu bringen und im Frieden von allen Lieben Abschied zu nehmen. Hiskia hätte im Frieden und Segen aus dem Leben scheiden können, aber er wollte nicht! Er wollte geheilt werden, weil er am Leben hing! Ich persönlich glaube, dass Gott uns diese Geschichte in der Bibel zeigt, um der gesamten Menschheit ein warnendes Beispiel zu geben. Hiskia wurde nämlich geheilt! Gott hat ihm diesen Wunsch erfüllt – und? Was war das Resultat? Hiskia traf dann falsche Entscheidungen und wurde dadurch zum Fluch für seine Familie und sein Volk!

Hier sehen wir verschiedene Dimensionen von Problemen:

Erstens: Egal was Gott tut, es wird immer Menschen geben, die ihn anklagen. Hätte Gott nicht geheilt, dann hätten Menschen ihn in ihrer Trauer angeklagt. Heilt Gott, gibt es auch Grund zu klagen. Wir sollten dahin kommen, Gott einfach zu vertrauen, ganz gleich, was Gott tut.

Zweitens: Es ist nicht immer gut für den Menschen, dass Gott ihn heilt! Der Geheilte wurde zum Fluch für sein Volk.

Drittens: Eigentlich kann Gott es gar nicht verantworten alle und jeden zu heilen, weil er durch seine Allwissenheit ja sieht, was dabei herauskommt! Gott hat manchmal gute Gründe, warum er nicht heilt und er hat manchmal gute Gründe, wenn er eine Krankheit zulässt. Früher hatten wir einen Freund in der Clique, der mit seinem Auto immer zum Rasen neigte. Er hatte mehrere Unfälle wegen seiner Raserei. Dann kaufte er sich ein Auto mit noch mehr PS! Aber etwas war faul mit dem Auto. Bei 120 km/h machte es dicht und fuhr einfach nicht schneller. Mein Freund untersuchte alles, brachte das Auto in die Werkstatt, aber man fand den Fehler nicht. Dann witzelten wir in der Clique darüber und einer sagte: „Vielleicht hat ein Engel Gottes seine Finger im Kolben, um dich vor Schlimmerem zu bewahren." Das war natürlich ein Witz, aber das gab mir zu denken. Ist es immer so schlimm, wenn „etwas" nicht optimal läuft? Es kann Bewahrung sein! Wie können wir das auf uns und Krankheiten anwenden? Mancher wird vielleicht krank und denkt, dass dies ein Schaden ist. Aber Gott könnte uns durch die Krankheit vor Schlimmerem bewahren. Ich habe als Jugendlicher damit gehadert, dass mein linkes Auge sehr schlecht sieht. Ich wollte in den Boxverein gehen und Karriere machen! Aber es war mir völlig klar, dass ich durch diese „Sehbehinderung“ keine Chance hatte. Kam die Faust von links, dann sah ich sie nicht. Ich habe mit meinem Schicksal gehadert, aber wie denke ich heute darüber? Ich danke Gott dafür! Vielleicht hätte mir einer den Schädel zerschlagen, oder ich einem anderen! Krankheiten, Schwächen und Behinderungen schränken unser Leben ein, und das empfinden wir natürlich negativ. Aber vielleicht ist gerade diese Einschränkung von Nöten um uns vor Dingen oder Ereignissen zu bewahren, die wir nicht kommen sehen. Wie ich mit dem linken Auge die Faust nicht sehen konnte!

Da gibt es die Geschichte mit dem Vater, der nur einen Sohn hat, während alle Nachbarn viele Söhne haben. Da bricht sich der einzige Sohn das Bein und alle jammern, wie schade das ist, weil es doch der einzige Sohn ist. Der Vater sagte nur: „Wer weiß, ob das nun gut oder schlecht ist. Aber dann beginnt der Krieg und alle Söhne werden an die Front geschickt und abgeknallt, nur der mit dem gebrochenen Bein durfte zuhause bleiben. Da sagten alle: „Oh was für ein Glück er hatte, dass er sich das Bein gebrochen hat!“

Viertens: Hiskia hätte lieber die ihm verbleibende Zeit nutzen sollen, um sein Haus in Ordnung zu bringen, wie Gott es ihm empfohlen hatte, anstatt länger leben zu wollen. Damit wäre er seiner Familie und seinem Volk ein Segen gewesen.

> EIN STERBENDER HEILIGER IST SEGENSREICHER ALS
> EIN LEBENDER EGOIST, ODER?

Hier siehst du auch ein gewaltiges Problem Gottes. Jeder Kranke will geheilt werden, aber Gott ist allwissend und er sieht, was dabei herauskommt! Im Fall Hiskias kam eine Katastrophe heraus und wir könnten jetzt fragen: Gott, warum hast du ihn geheilt? Was können seine Kinder und das Volk dafür, dass dieser König dann nachher solch einen Fehler begeht? Warum müssen sie für seine Sünden leiden? Wäre es nicht besser gewesen, wenn der Hiskia an seiner Krankheit gestorben wäre? ...

Da sehen wir: Egal, was Gott macht, man klagt ihn an. Heilt er, dann wird das Leiden auf dieser Welt vermehrt, **weil viele der Geheilten weiter sündigen.** Heilt er nicht, dann ist er der Harte und Böse. Denk mal nach.

Wir sollten dahin kommen, dass wir Gott vertrauen – damit meine ich völlig vertrauen – im Leben wie im Sterben! Er weiß, was er tut.

Wir können ihn bitten, aber bei jeder Bitte sollten wir im Hinterkopf haben, dass Gott in seiner Liebe und Güte weiß, was am besten ist – für uns und das ganze Universum.

Elisa starb an seiner Krankheit und wurde nicht geheilt und so wie ihm ging es wohl den meisten Menschen auf dieser Welt. Und Gleiches sehe ich in allen Gemeinden, die ich besuche. Viele Menschen sterben an Krankheiten und werden nicht geheilt.

Wenn wir eine Krankheit zum Tode haben, gibt es zwei verschiedene Möglichkeiten. Es ist möglich, dass diese Zeit bis zum Tod eine Zeit des Segens und des Lichtes wird, oder es wird eine Zeit des Fluches und der Dunkelheit! Du entscheidest.

Ich möchte erst über die Zeit des Segens sprechen. Ich nenne es das „Kerzenprinzip." Gott fragte mich mal, wo eine Kerze heller brennt, in einem hellen oder einem dunklen Raum? Ich dachte: Natürlich in einem dunklen Raum! Und wusste gleichzeitig, dass es falsch war! Die Antwort Gottes war: Die Kerze brennt in beiden Räumen gleich hell, aber im Dunklen sieht man das Licht besser. Ich musste nicht lange überlegen, was Gott mir damit sagen wollte. Es war klar in meinem Kopf, ich musste nur noch die Worte dazu finden. Es geht darum, dass wir als sichtbare Lichter für Gott in dieser Welt scheinen sollen, so dass andere das „Licht" von Gott sehen und zu Gott kommen können. Viele bekennen Gott, wenn es ihnen gut geht, da fällt es uns leicht Gott zu loben, wenn wir gemeinsam bei guter Musik in ein Loblied einstimmen können. Wer lässt sich nicht mitreißen, wenn das gewaltige Lied *„Großer Gott wir loben dich..."* angestimmt wird?! Das ist vergleichbar mit der Kerze, die im Hellen brennt. Es ist schön so! Aber andere beeindruckt das nicht sonderlich. Sie denken wie Satan, der Hiob schlecht macht: „Sie glauben nur an Gott, weil es ihnen gut geht! Die haben ja gut reden, sind gesund, haben alles, da würde ich Gott auch preisen..."

Es ist kein sonderlich großes Zeugnis für andere, wenn wir Gott in guten Zeiten loben. Aber was passiert, wenn dunkle Zeiten kommen? Die Kerze ändert sich nicht. Sie leuchtet genauso wie vorher – aber jetzt sieht man sie besser! Sie erleuchtet den ganzen Raum! Obwohl sie nichts anderes macht als vorher! Aber genau hier ist das Problem. Was für die Kerze gilt, das müssen wir noch lernen! Viele Christen sind nicht in der Lage wirklich Licht zu sein! Ihr Licht geht mit der zunehmenden Dunkelheit aus.

Daran, dass das Licht mit der zunehmenden Dunkelheit ausgeht, sieht man, dass nicht Jesus in ihnen leuchtet, sondern dass sie ihr

Leben auf Gefühlen und selbstsüchtigen Motiven aufgebaut haben – oder dass sie Einseitiges oder Falsches zu diesem Thema glauben.

Sie zweifeln, sie hadern, sie rebellieren, ...und zeigen ihrem Umfeld, was ihr Glaube wirklich wert ist. Wie stark ist dagegen das Zeugnis eines Menschen, der einfach im Dunkeln weiterleuchtet? Paulus stimmte im Gefängnis Loblieder an. (Apg. 16,25) Das beeindruckte die Gefangenen und ihr Interesse wurde geweckt! In der Dunkelheit leuchtet das Licht heller!

Ich habe Christen sterben sehen und war tief beeindruckt. Sie hatten Frieden mit Gott. Sie nutzten die wenige Zeit, die sie noch hatten um das Wichtige zu tun, das noch getan werden konnte. Sie ließen sich nicht beirren, sie freuten sich auf das ewige Leben, sie zeigten mit ihrer Art, dass sie Gewissheit hatten, Kraft und ewiges Leben. Sie hatten die Kraft diejenigen zu trösten, die zurückblieben – nicht andersherum! Sie waren im Leben wie im Sterben ein Licht für Gott und sein Evangelium. Was für gewaltige Zeugnisse sind das, wenn sterbende Menschen Gott und das ewige Leben bekennen!

Ist das nicht ein Vorrecht?! Dass man noch bewusst von denen Abschied nehmen kann, die einem lieb sind? Ist das nicht reinste Gnade, dass man gewisse Dinge in Ordnung bringen kann, die noch offen waren? Dass man die letzte Chance nutzen kann, seinen Feinden etwas Gutes zu tun, oder einen liebevollen Abschiedsbrief zu schreiben?! Ist es nicht von Vorteil, dass man sein Begräbnis bestimmen kann, so dass es eine Evangelisationsveranstaltung für alle Anwesenden wird?

Aber es gibt auch das Gegenteil! Wirklich schlimm ist dieses Thema in den Kreisen, die felsenfest davon überzeugt sind, dass Gott alle jetzt und hier heilt, wenn wir nur glauben. Da habe ich viele schlimme Geschichten erlebt, hier ein Beispiel:

Wir lernten ein älteres Ehepaar kennen. Er war Gemeindeleiter und sie war eine fröhliche Christin, die Jesus mit ihren Zeugnissen und Liedern vor den Menschen bekannte. Alle in der Gegend kannten die beiden. Da wurde bei ihr Krebs festgestellt, und das Drama begann. Man sagte ihr, dass sie nur glauben muss, dann würde sie geheilt werden. Sie glaubte, aber es wurde nicht besser. Viele Geschwister und Gastredner proklamierten Heilung über ihrem Leben und versicherten ihr, dass sie geheilt sei, aber der Arzt sagte etwas anderes. Ihr Glaube wurde in Frage gestellt. „Du musst mehr glauben!“ Sie versuchte mehr zu glauben, aber es half alles nichts. „Du musst deinen Glauben mit dem Mund bekennen!“ Sie bekannte! Sie sagte allen in ihrer Umgebung und auch den Ärzten im Krankenhaus, dass sie sicher geheilt wird! Aber es wurde schlimmer. Sie brach psychisch zusammen, weil sie unter den Zweifeln über ihren Glauben verzweifelte. Sie starb als psychisches Wrack und es war ein Schrecken für die ganze Umgebung, die Gemeinde, die Kranken und auch für die Ärzte im Krankenhaus. Noch Jahre später schüttelten Leute erschrocken den Kopf, wenn es darauf zu sprechen kam.

Es ist kein Wunder, dass nach solchen Aktionen keiner in der Gegend etwas mit Gott und dem Evangelium zu tun haben will, sondern dass sie denken, dass wir Christen alle verrückt sind. Ich habe viele solcher Erlebnisse gehabt. Es sind viele Menschen vom Glauben an Jesus abgefallen, weil man ihnen Heilung versprach, und sie kam nicht. Viele sind sogar in die Psychiatrie gekommen, weil sie mehr und mehr verzweifelten, je näher sie dem Tod kamen. Sie dachten natürlich: Wenn Gott alle heilt, die glauben, und ich werde nicht geheilt, stimmt dann überhaupt mein Glaube an die Erlösung und das ewige Leben?! Je näher sie dem Tod kamen, desto mehr zweifelten sie an ihrem „Glauben“ und die Angst vor der ewigen Verdammnis wurde größer!

Das Schlimme ist: Durch diese einseitige Lehre schauen Menschen auf ihren eigenen Glauben und nicht mehr auf Jesus!

Es ist wie mit einem Hammer und einem Nagel. Es ist leicht einen Nagel mit dem Hammer reinzuschlagen. Aber versuch doch mal das Gegenteil! Versuch doch mal mit einem Nagel einen Hammer in die Wand zu schlagen! Viele Menschen verdrehen in ihrer Not die Verhältnisse! Sie versuchen dann Heilung und Rettung in „ihrem Glauben“ zu finden. Sie denken, dass dieser „Glaube“ mit noch mehr Anstrengung verbunden sein muss, sie müssen stärker glauben! So kann man wahnsinnig werden und ein abschreckendes Beispiel für alle, die das miterleben müssen. Vorsicht! Wir sollen nicht auf unseren Glauben schauen! Kein Kind schaut auf seinen Glauben – und wir sollen glauben wie die Kinder! Wir sollen Jesus glauben und auf ihn hören!

Starker Glaube bebt nicht vor Willensanstrengung, sondern ruht in Jesus.

Starker Glaube ruht in Jesus und der Wahrheit! Gott weiß, was er tut, und das Wichtigste bleibt das Wichtigste – Gott will uns in sein ewiges Reich retten und irgendwann ist unsere Zeit hier beendet.

Denk mal nach, wie viele Gemeinden kaputt gegangen sind durch Irrlehren? Wie viele Menschen sind vom Glauben abgefallen, weil sie solche Dinge miterlebt haben? Wie viele wurden durch solche Erlebnisse abgeschreckt? In solchen Kreisen wird oft „Erweckung" prophezeit und nicht selten an der Ausbreitung der Finsternis gearbeitet.

Viele Gemeinden beten für Erweckung. Stell dir vor, die Christen würden mit ihrem Leben und Sterben, Jesus und ihren Glauben an das ewige Leben bekennen. Stell dir vor, die Christen würden die Zeit geistlich nutzen, wenn sie eine Krankheit zum Tode haben. Würden die Gemeinden da nicht voller sein? Würde das ein notwendiger Schritt auf dem Weg zur Erweckung sein? Wahrlich: Für viele wäre dies echte Erweckung. Ich habe einige Beerdigungen gehalten, die ein gewaltiges evangelistisches Flutlicht waren und das nicht wegen meiner guten Predigt, sondern weil da ein Mensch gestorben war, der im Leben wie im Sterben ein Licht durch und für Jesus war. Andere „Christen" haben aber durch ihre Art und Weise ihre ganze Umgebung abgeschreckt und geplagt. Die sind dann nur erleichtert, wenn der endlich tot ist. Aber andere haben mit ihrer Liebe, Weisheit, ihren guten Taten und ihrem moralisch sauberen Leben doch den einen oder anderen beeindruckt. So dass sie gerne zur Beerdigung kamen und sehr angerührt waren, wenn ich dann den letzten Wunsch des Verstorbenen vorlas, der eine geistliche Botschaft an die Anwesenden hatte. Durch das Zeugnis des Verstorbenen waren die Anwesenden auch offen für Gottes Wort!

Dagegen fand der verzweifelte Wahnsinn anderer noch nicht mal mit dem Tod ein Ende. Ich kenne einen Fall, wo ein Sohn eines Pastors in jungen Jahren Krebs bekam. Die Gemeinde steigerte sich in die Illusion, dass er auf jeden Fall geheilt werden wird, „wir müssen nur glauben!" Sie haben Heilung prophezeit und manifestiert, aber der Junge starb. Dann haben sie sich geweigert die Beerdigung vorzubereiten, weil sie felsenfest glaubten, dass der Junge von den Toten auferstehen wird. Sie haben sich mit dem Krankenhaus und den Behörden angelegt und die Sache wurde mehr und mehr ein Desaster. Er stand nicht von den Toten auf. Aus Täuschung wurde Enttäuschung und viele sind dann abgefallen, weil sie daraus schlossen, dass es Gott wohl doch nicht gibt. Auf die Idee, dass sie falsch und einseitig „glaubten" kamen leider nicht viele. Solche Aktionen können auch eine ganze Stadt für Jesus verschließen. Wenn wir dann in solchen Städten evangelisieren wollen, was meinst du, was die Behörden und Bewohner von uns denken?

Ich war dabei, wie ein Leiter in der christlichen Motorradarbeit Norwegens allen anderen Leitern mitteilte, dass er an Krebs erkrankt ist. Sofort wurde er von anderen eingekreist, die dann für ihn beteten, ihm Heilung prophezeiten, Heilung manifestierten und ihn ermutigten zu glauben. Damit war die Sache für sie erledigt. Als sie wieder gegangen waren, begann ich ein Gespräch mit dem Krebskranken und versuchte ihn vorsichtig auf das Thema anzusprechen, denn ich war mir schon damals bewusst, dass Gott mit Krankheiten auch andere Absichten haben kann. Ich machte ihn auf Elisas Krankheit zum Tode aufmerksam und staunte nicht schlecht! Dieser Mann sagte mir mit einer Seelenruhe, dass er weiß, dass er sterben wird. Ich war etwas verwirrt und fragte ihn, was er denn dann zu der Aktion meint, die eben stattfand? Er lächelte nur und gab mir zu verstehen, dass er genau weiß, dass dies eine moderne und einseitige Art des Glaubens sei, und dass er sich davon aber nicht beeindrucken lasse. Er wusste, dass er an dieser Krankheit sterben wird, und er sagte mir sogar, dass er darin eine Chance sieht. Jahre hatte er versucht seine Familie und sein Umfeld für Jesus zu gewinnen und einige hatten sich gewinnen lassen. Er sah nun in dieser letzten Phase seines Lebens die Chance, das Gesagte mit seinem Leben und seinem Frieden zu unterstreichen.

Er sprach von seiner Beerdigung als von einer Evangelisation, die aber nur dann kraftvoll sein kann, wenn er jetzt im Frieden Gottes bleibt. Ich war tief beeindruckt von seinem Glauben. Er starb dann auch später, und leider konnte ich auf dieser Beerdigung nicht anwesend sein. Aber was ich später davon hörte, verwunderte mich nicht. Anwesende berichteten von einer geistlichen Atmosphäre, wie sie sie noch nie zuvor erlebt hätten. Seine eigene Frau gab Zeugnis davon, wie segensreich diese Beerdigung für viele war. Menschen verschiedener Motorradclubs waren anwesend und tief beeindruckt. Gott konnte sich darin verherrlichen. Ja, Gott kann heilen. Aber Gott kann auch andere Absichten haben. Angesichts des ewigen Lebens und angesichts der Tatsache, dass die meisten auf ewig verloren gehen, müssen wir uns die Frage stellen, ob wir Gott im Leben wie im Sterben vertrauen, damit wir ein Licht für diese Welt sein können. Wenn wir ein Ja dazu finden, dann wird uns Gott nicht in Unwissenheit darüber lassen, was er vorhat. Dieser Mann wusste, was kommen wird, und er ließ sich nicht irre machen, sondern war im Leben und Sterben ein Licht in dieser Weltfinsternis.

Mein Großvater kam in eine Phase, wo alle merkten, dass es dem Ende entgegen geht. Er merkte das auch und setzte seine letzte Energie daran, für die Hinterbliebenen ein Zeugnis für Gott zu geben. Er schrieb seine wichtigsten Erlebnisse mit Gott auf und bei der Beerdigung bekam jeder Hinterbliebene einen persönlichen Brief mit einem gewaltigen Zeugnis, persönliche Worte des Glaubens und eine Ermutigung, ganze Sache mit Gott zu machen. Dieser Zettel war stärker als viele Predigten, die ich je gehört habe. Mein Großvater ließ sich durch seine Krankheit zum Tode nicht verunsichern, sondern wusste seine Zeit zu nutzen.

An der Art und Weise wie Jesus am Kreuz starb, kehrte einer der Verbrecher um – und bis heute unzählige weitere Sünder! Es war die Stunde der Finsternis, wie Jesus sagte, aber damit war die Voraussetzung gegeben, das hellste Licht für Gott scheinen zu lassen, das je in diese Weltfinsternis gestrahlt hat!

Lasst uns von Jesus lernen.

Kapitel 24

Gottes gute Absicht mit Krankheit und Tod

In einer sehr ernsten Begebenheit aus der Bibel können wir ein wichtiges Prinzip lernen.

„Zu der Zeit war Abija, der Sohn Jerobeams, krank. Und Jerobeam sprach zu seiner Frau: Mache dich auf und verkleide dich, damit niemand merkt, dass du Jerobeams Frau bist, und geh hin nach Silo. Siehe, dort ist der Prophet Ahija, der mir zugesagt hat, dass ich König sein sollte über dies Volk. Und nimm mit dir zehn Brote, Kuchen und einen Krug mit Honig und geh zu ihm, damit er dir sagt, wie es dem Knaben ergehen wird. Und Jerobeams Frau tat das und machte sich auf und ging hin nach Silo und kam ins Haus Ahijas. Ahija aber konnte nicht sehen, denn seine Augen standen starr vor Alter. Aber der HERR sprach zu Ahija: Siehe, Jerobeams Frau kommt, um dich wegen ihres Sohnes zu befragen; denn er ist krank. So rede nun mit ihr so und so. Als sie nun hineinkam, stellte sie sich fremd.

Als aber Ahija das Geräusch ihrer Tritte hörte, wie sie zur Tür hereinkam, sprach er: Komm herein, du Frau Jerobeams! Warum stellst du dich so fremd? Ich bin zu dir gesandt als ein harter Bote. Geh hin und sage Jerobeam: So spricht der HERR, der Gott Israels: Ich habe dich erhoben aus dem Volk und zum Fürsten über mein Volk Israel gesetzt und habe das Königtum von Davids Hause gerissen und dir gegeben. Du aber bist nicht gewesen wie mein Knecht David, der meine Gebote hielt und mir von ganzem Herzen nachwandelte, dass er nur tat, was mir wohlgefiel. Du hast mehr Böses getan als alle, die vor dir gewesen sind, bist hingegangen und hast dir andere Götter gemacht und gegossene Bilder, um mich zum Zorn zu reizen, und hast mir den Rücken gekehrt. Darum siehe, ich will Unheil über das Haus Jerobeam bringen und ausrotten von Jerobeam alles, was männlich ist, bis auf den letzten Mann

in Israel und will die Nachkommen des Hauses Jerobeam ausfegen, wie man Unrat ausfegt, bis es ganz mit ihm aus ist. Wer von Jerobeam stirbt in der Stadt, den sollen die Hunde fressen; wer aber auf dem Felde stirbt, den sollen die Vögel des Himmels fressen; denn der HERR hat's geredet. So mache dich nun auf und geh heim; und wenn dein Fuß die Stadt betritt, wird das Kind sterben. Und es wird ihm ganz Israel die Totenklage halten und sie werden ihn begraben; denn dieser allein von Jerobeam wird zu Grabe kommen, weil der HERR, der Gott Israels, etwas Gutes an ihm gefunden hat im Hause Jerobeam. Der HERR aber wird sich einen König über Israel erwecken, der wird das Haus Jerobeam ausrotten - wie es heute ist.

Und der HERR wird Israel schlagen, dass es schwankt, wie das Rohr im Wasser bewegt wird, und wird Israel ausreißen aus diesem guten Lande, das er ihren Vätern gegeben hat, und wird sie zerstreuen jenseits des Euphrat, weil sie sich Ascherabilder gemacht haben, den HERRN zu erzürnen. Und er wird Israel dahingeben um der Sünden Jerobeams willen, der da gesündigt hat und Israel sündigen gemacht hat. Und Jerobeams Frau machte sich auf, ging heim und kam nach Tirza. Und als sie auf die Schwelle des Hauses kam, starb der Knabe." 1 Könige 14,1-17

Hier wird ein Junge krank und die besorgten Eltern hoffen auf ein Wunder durch Gott und suchen den Propheten Gottes auf, aber dessen Botschaft ist sehr interessant, auch wenn es ein sehr schweres Thema ist, und deshalb kaum jemand darüber reden will. Gott lässt den Eltern sagen, dass der Sohn sterben wird. (Vers 13)

Wie soll man das verstehen? Gott ist nicht nur allmächtig. Als allmächtiger Gott hätte er den Jungen ohne Probleme heilen können. Aber Gott ist auch allwissend. Gott sah voraus, dass diese gottlose Familie in naher Zukunft brutal ausgerottet werden wird, und das mit gutem Grund! Dieser brutale Gewaltakt war eine Folge und Reaktion der Menschen auf das gottlose und ungerechte Leben und Handeln dieser Familie. Warum ließ Gott also den Jungen nun an einer Krankheit sterben? Weil Gott etwas Gutes an dem Jungen gefunden hat, erspart er ihm die bevorstehende Katastrophe. Ist das nicht interessant?

Was lernen wir daraus?

MANCHMAL BEWAHRT GOTT MENSCHEN DURCH EINE KRANKHEIT UND TOD VOR ETWAS, WAS NOCH SCHLIMMER IST!

Gott kennt uns und er kennt die Zukunft. Er weiß, was auf uns und die Welt zukommt. Es klingt nicht populär, aber die Bibel zeigt es uns deutlich, dass Gott eine Krankheit zum Tode gebrauchen kann, weil er bewahrt, weil er belohnt: „Ich habe etwas Gutes an ihm gefunden“, Der Junge bekam ein ehrenvolles Begräbnis und das ganze Volk trauerte um ihn – im Gegensatz zu den anderen, die dann später starben. Im Fußball habe ich das einige Male erlebt. Da ist eine Mannschaft, die verliert. Viele in dieser verlierenden Mannschaft haben an dem Tag schlecht gespielt, haben keinen Einsatz gezeigt, waren faul, und die Mannschaft wird von ihren eigenen Fans nach dem Spiel zu Recht ausgepfiffen. Doch einer in dieser Mannschaft hat sich wirklich abgemüht! Er hat gekämpft und alles gegeben, nicht wie die anderen! Der Trainer wechselt ihn kurz vor dem Ende aus, nicht weil er schlecht war, sondern weil er ihn von dem Rest der Versagertruppe absondert. Dieser ausgewechselte Spieler wird von den Fans gefeiert, während er das Feld verlässt! Der Rest der Mannschaft wird nach dem Schlusspfiff gnadenlos ausgepfiffen!

Was lernen wir daraus? Nicht jeder, der ausgewechselt wird, hat schlecht gespielt! Der Trainer hat dafür gesorgt, dass dieser eine Spieler seinen verdienten Lohn bekommt, und er will dem Rest der Mannschaft etwas beibringen! So ist es auch in dieser biblischen Geschichte. Dieser Aspekt scheint mir bei den meisten sehr unbekannt zu sein. Wenn der Junge stirbt, dann denkt man an alles, nur nicht an das! Menschen rechnen eher mit einer „Strafe“ Gottes, wenn jemand jung stirbt, oder sie vermuten eine konkrete Schuld bei dem Toten oder den Eltern, oder man stellt Gottes Liebe und Gerechtigkeit in Frage. Aber man zieht selten in Betracht, dass Gott eventuell durch Krankheit und Tod vor Schlimmerem bewahrt oder sogar ehrt! Ich habe z.B. einige Gespräche von Menschen gehört, über solche die „zu früh“ gestorben waren, und oft gehen die Spekulationen dahin, dass sie vielleicht heimlich in Sünde gelebt haben... Vorsicht! Dieser Fall zeigt uns das Gegenteil. Wir sehen also wieder, wie komplex dieses Thema ist.

Zusammenfassend kann man zu diesem Punkt sagen:

Die Bibel zeigt uns deutlich, dass Gott in Krankheit und Tod einiges an wertvollen Dingen beabsichtigen kann. Heilung ist nicht immer das Beste und Richtige – und wer behauptet, dass Gott alle jetzt und hier heilt, oder wer diese Punkte nicht kennt, der ist in Gefahr, bei diesem Thema völlig in die Irre zu gehen.

Kapitel 25

Jesus hat die Krankheit ans Kreuz getragen

In vielen christlichen Kreisen ist bekannt, dass Jesus die Krankheit ans Kreuz mitgenommen hat. Damit verbunden ist der Glaube, dass man geheilt wird, wenn man das glaubt. Da ist viel Wahres dran, und wir wollen uns das einmal genauer anschauen.

Wir leben mit dem Wissen: Jesus ist am Kreuz gestorben und er ist auch auferstanden. Jesus hat das Heil am Kreuz vollbracht, jetzt arbeitet er daran, dass dieses Heil in den Menschen verwirklicht wird. Was hat das mit dem Thema Heilung zu tun? Hier ist es wichtig, dass wir uns eine Prophezeiung Jesajas anschauen. Jesaja sah 700 Jahre bevor Jesus am Kreuz starb (!) in einer offenbarten Vision Gottes, dass Jesus gekreuzigt worden ist – und warum Jesus gekreuzigt worden ist - er sah es also als bereits geschehene Tatsache, deshalb beschreibt er es in Vergangenheitsform.

„Fürwahr, er hat unsere Krankheit getragen und unsere Schmerzen auf sich geladen; wir aber hielten ihn für bestraft, von Gott geschlagen und niedergebeugt. Doch er wurde um unserer Übertretungen willen durchbohrt, wegen unserer Missetaten zerschlagen; die Strafe lag auf ihm, damit wir Frieden hätten, und durch seine Wunden sind wir geheilt worden.“ Jesaja 53,4.5

Jesaja prophezeite, dass Jesus auch unsere **Krankheiten** ans Kreuz nehmen würde, und dass wir durch seine Wunden **geheilt** worden sind! In diesem Vers geht es tatsächlich um Sünden und um Krankheiten, denn Jesus erfüllte diese Vorhersage Zeit seines Erdenlebens, in dem er tatsächlich körperlich Kranke heilte.

„Als es aber Abend geworden war, brachten sie viele Besessene zu ihm, und er trieb die Geister aus mit einem Wort und heilte alle Kran-

ken, damit erfüllt würde, was durch den Propheten Jesaja gesagt ist, der spricht: „Er hat unsere Gebrechen weggenommen und unsere Krankheiten getragen.“ Matth. 8,16

Mir haben einige gesagt, dass sich der Begriff „Krankheiten“ und „geheilt“ in der Jesajastelle symbolisch nur auf Sünden beziehen würde, doch das stimmt nicht. In Matth. 8 sehen wir deutlich, dass Jesus alle körperlich Kranken heilte, um diese Jesajastelle zu erfüllen. Also muss sich diese Prophezeiung konkret auch auf körperliche Krankheiten beziehen. Gott lässt uns also wissen: Jesus hat die Sünden, wie auch die Krankheiten der Menschheit auf sich genommen und ans Kreuz getragen!

Jetzt Achtung: Aufgrund des Kreuzes ergibt sich folgende „Theologie“ was die Vergebung der Sünden angeht: Jesus muss nicht erst für mich sterben, damit meine Sünden vergeben werden, sondern er starb bereits vor 2000 Jahren für mich, es ist vollbracht! Jesus starb bereits für alle Sünden der Welt. **Aber es gibt einen Unterschied zwischen „vollbracht“ und „verwirklicht.“** Vollbracht ist die Vergebung der Sünden, aber verwirklicht muss sie bei jedem einzelnen Menschen persönlich werden. Wie wird die Vergebung der Sünden in mir verwirklicht? Gottes Geist verwirklicht sie in mir durch meinen Glauben an das Evangelium. Wenn ich heute zum Glauben an Jesus Christus komme und bußfertig umkehre, dann kommt Gottes Geist in mein Leben und reinigt mich von aller Sünde!

Ganz wichtig!

GOTTES GEIST VERWIRKLICHT DAS VOLLBRACHTE WERK AM KREUZ IN MIR DURCH MEINEN GLAUBEN DARAN!

Achtung! Es gibt einen Unterschied zwischen fühlen und glauben! Ich kann das Heil nicht zuerst fühlen, sondern ich muss zuerst glauben. Nur durch Glauben und Buße, wird das Heil verwirklicht, so dass Gottes Geist dann tatsächlich in mir wirkt, mich mit dem Geist tauft, und meine Sünden weggewaschen sind. Da verstehen es viele falsch! Sie wollen es erst dann glauben, wenn sie es fühlen können, aber das ist die falsche Reihenfolge! Keiner wird durch seine Gefühle gerettet, sondern durch den Glauben. Glaube und Gefühl ist wie ein Auto und ein Anhänger. Der Anhänger ist an das Auto gekoppelt und das Auto fährt vorne, der Anhänger folgt. So ist das auch mit dem Glaube und dem Gefühl. Wenn ich glaube, dass Gott mich angenommen hat, dann werde ich mich auch dementsprechend fühlen - aber nicht bevor ich es glaube! Wenn ich glaube, dass Gott mich liebt, dann fühle ich mich auch so - aber ich kann die Liebe Gottes nicht zuerst fühlen! Wer zuerst fühlen will, der ist wie einer, der den Anhänger vor das Auto koppelt und Gas gibt. Wie weit kommt er?

Genauso geht auch das Leben in den Graben, wenn man erst fühlen und dann glauben will.

Viele zweifeln, weil sie Gottes Heil nicht fühlen können, anstatt der Bibel zu glauben. Doch wer zweifelt, empfängt nichts!

„Er bitte aber im Glauben und zweifle nicht; denn wer zweifelt, gleicht einer Meereswoge, die vom Wind getrieben und hin- und hergeworfen wird. Ein solcher Mensch denke nicht, dass er etwas von dem Herrn empfangen wird..." Jakobus 1,6

Und genauso wie die Vergebung der Sünden in mir durch Glauben und nicht zuerst durch Gefühle verwirklicht wird, so wird auch die Heilung in mir verwirklicht! Jesus starb bereits für meine Sünden und er nahm auch meine Krankheit und meine Gebrechen mit ans Kreuz! Frage: Wie wurde mir tatsächlich vergeben und wie kam der Friede Gottes im mein Leben? Durch den Glauben an das vollbrachte Werk am Kreuz. Und wie würde Gott die Heilung in mir verwirklichen? Genauso! Ich darf glauben, dass Jesus die Krankheit ans Kreuz genommen hat, und dass er mich dort am Kreuz geheilt hat!

Jetzt wird mancher sagen: „Aber ich bin jetzt krank! Wie kann da die Krankheit am Kreuz sein?" Aber jetzt pass auf! Mit deinen Sünden war es doch nicht anders! Das Heil ist seit 2000 Jahren vollbracht und trotzdem hast du gesündigt, hattest ein schlechtes Gewissen und musstest mit den Konsequenzen der Sünden leben. Du fühltest dich weit weg von Gott! Das Heil war zwar vollbracht aber noch nicht in dir verwirklicht! Verwirklicht wurde es in dem Moment, als du geglaubt hast!

Wenn das beim Thema Sündenvergebung gilt, warum sollte das beim Thema Heilung nicht stimmen? Ich möchte euch ein Beispiel berichten. Ich erinnere mich an einen Bruder, für den wir beten sollten. Der Arzt hatte eine unheilbare Krankheit an ihm festgestellt. Während wir beteten, zeigte der Geist Gottes mir in Gedanken, dass seine Krankheit am Kreuz besiegt ist, und ich sagte dies dem anwesenden

Pastor und dem Kranken. Im Glauben daran dankte ich Gott dafür. Die Krankheit wurde bei seiner nächsten ärztlichen Kontrolle nicht mehr in ihm gefunden! Seine Krankheit wurde vor 2000 Jahren am Kreuz besiegt und durch Glauben daran wurde die Heilung in dem Bruder verwirklicht!

Die persönliche Anrede Jesu

Jetzt aber Achtung! Diese Wahrheit, dass jede Krankheit ans Kreuz getragen wurde, ist kein Allheilmittel, das für jeden Menschen in jeder Situation einfach „wirkt" wenn er es im Glauben annimmt! Seit Jahren predigen viele Prediger, dass wir nur glauben müssen, dass unsere Krankheit durch Jesus ans Kreuz getragen worden ist und dann werden wir geheilt. Das hört sich auf den ersten Blick ja auch theologisch korrekt an, und trotzdem gibt es zwei entscheidende Fehler!

Erstens: Bei der Sündenvergebung (und bei der Heilung) geht es nicht nur darum eine „Lehre" wahr zu halten, sondern darum, dass der **auferstandene und gegenwärtige Jesus Christus uns anspricht und in unser Leben kommt.** Das ist eine geistliche und persönliche Erlebnisrealität - und genau das gilt für die Heilung auch. Es gibt einen Unterschied zwischen Wissen und Glauben! Es gibt einen Unterschied zwischen einer richtigen Lehre und einer persönlichen lebendigen Beziehung. Es ist nicht damit getan, einfach eine Lehre zu glauben, sondern **Jesus Christus** zu glauben, der mir eventuell Heilung anbietet und zwar so, dass ich es konkret im Geist überzeugend wahrnehme. Der Geist Gottes kann Überzeugungen in unserem Geist wirken.

„Der Geist selbst gibt Zeugnis unserm Geist, dass wir Gottes Kinder sind." Römer 8,16

Vielleicht denkst du: Was hat diese Bibelstelle mit dem Thema zu tun? Ganz einfach! Gott kann uns durch unseren Geist auch andere Botschaften zukommen lassen, nicht nur die, dass Gott uns als sein Kind angenommen hat. Gottes Geist kann uns über unseren Geist mitteilen, dass wir daran glauben sollen, dass unsere Krankheit am Kreuz besiegt ist. Wenn das passiert, dann dürfen wir das glauben. Es ist aber nicht so, dass dies eine Sache ist, die automatisch wirkt! Es ist nicht immer die richtige Vorgehensweise, dass wir biblische Theorien im Kopf speichern und dann pauschal anwenden! Sondern Gottes konkreter Anspruch muss da sein! Jesus sagte: ***„Aber der Tröster, der Heilige Geist, den mein Vater senden wird in meinem Namen, der***

wird euch alles lehren und euch an alles erinnern, was ich euch gesagt habe." Johannes 14,26

Hier geschieht das Richtige! Der Heilige Geist lehrt uns, so dass wir eine gewisse Wahrheit lernen, z.B. diese, dass die Krankheiten am Kreuz besiegt worden sind. Dann muss aber Gottes Geist das zweite tun, was Jesus hier sagt: Er muss uns konkret daran erinnern und uns damit zum Glauben daran herausfordern. Dies ist nicht nur eine Sache in unserem Gehirn, sondern Gottes Geist plus Gehirn!

Hier geschieht der entscheidende Fehler bei einigen. Sie lehren einen „pauschalen Glauben" der anscheinend „funktioniert." Das soll dann für die Rechtfertigung wie auch für das Thema Heilung gelten. Ich habe viele kennen gelernt, die die Lehre der Rechtfertigung kennen, akzeptieren und in Ehren halten, aber sie haben sich nie bekehrt und sie leben auch nicht im Geist mit Jesus Christus. Ihr Leben sieht so aus, wie bei einem Blinden, der es akzeptiert, dass es Farben gibt und darüber redet. Aber du merkst, dass er nicht weiß, wovon er spricht!

WISSEN, AKZEPTIEREN UND IN EHREN HALTEN USW.
IST NICHT DAS GLEICHE WIE GLAUBEND
EINE PERSÖNLICHE BEZIEHUNG MIT GOTT ZU PFLEGEN
UND IN HARMONIE MIT IHM ZU LEBEN!

Genauso ist es auch mit diesem Thema, dass die Krankheit am Kreuz besiegt ist. Es ist nicht etwas, was automatisch funktioniert! **Gott ist kein Automat und der Glaube ist nicht die Münze dazu!**

Dies ist der erste Fehler, der bei diesem Thema oft gemacht wird. Man will das Thema funktional verstehen, dabei geht es um die persönliche Anrede Jesu im Geist. Wenn Jesus uns auffordert, etwas zu glauben, oder in irgendeiner Weise zu handeln, dann müssen wir das tun, sonst nicht! Das heißt, im Namen Jesu zu leben und zu beten.

Der zweite Fehler ist: Es gibt noch andere biblische Wahrheiten über Heilungen und nicht nur diese eine, dass unsere Krankheit durch Jesus ans Kreuz getragen wurde. Wir haben bereits gesehen, dass Jesus sagte, dass es besser für uns ist, wenn wir verkrüppelt zum ewigen Leben eingehen, als gesund in das ewige Feuer. Eine Krankheit kann also „heilsam" sein und die Jesajastelle wird seine Erfüllung in diesem Fall bei der Auferstehung der Toten bzw. der Entrückung erleben. Weil Jesus am Kreuz die Krankheit getragen hat, darf der Kranke und Behinderte gesund ins ewige Leben eingehen.

Gott kann mit der Krankheit auch etwas anderes mit uns vorhaben, und wenn wir das gar nicht für möglich halten, weil wir nur diese eine Wahrheit kennen, dann kommen wir nicht weiter, und täuschen uns und andere. Paulus wusste, dass die Krankheiten am Kreuz besiegt sind, aber er ließ einen Mitarbeiter krank zurück und auch bei Timotheus akzeptiert er sein Magenleiden. Gott geht mit Menschen unterschiedliche Wege! Biblische Theologie funktioniert nicht einfach pauschal, wenn man „glaubt“, sondern eines der wesentlichen und entscheidenden Merkmale des christlichen Glaubens ist die persönliche Beziehung zu Gott, und damit auch die persönliche Anrede durch Gottes Geist!

Hier sehen wir wieder: Es hört sich manchmal etwas biblisch korrekt an, was einem gesagt wird, aber wenn wir es nicht prüfen können, dann sind wir in Gefahr.

Und noch etwas. In Jesaja 53 ist die Rede davon, dass Jesus unsere Krankheit und unsere Schmerzen getragen hat. Was ich seltsam finde: Viele reden davon, dass man als Christ nicht mehr krank sein darf (dann dürfte man auch keine Brille tragen und auch nicht zum Zahnarzt gehen) sonst glaubt man nicht richtig. Das müsste dann aber auch für die Schmerzen gelten! Wie sieht es damit aus? Darf man als Christ keine Schmerzen haben? Was passiert, wenn sich ein Christ aus Versehen mit dem Hammer auf den Finger haut, oder sich die Hausfrau beim Kochen schneidet oder verbrennt? Sind Schmerzen ein Hinweis darauf, dass man falsch glaubt? Das ist ja völlig absurd! Jeder weiß, dass Schmerzen extrem wichtig sind! Sie sind eine geniale Erfindung Gottes um uns zu warnen! Ruckzuck ziehe ich die Finger ein, wenn ich mich verbrenne, und warum? Damit ich nicht völlig kaputt gehe! Neulich wollte ich eine Tour mit den Hunden laufen und kaum hatte ich das Haus verlassen schmerzte mein Knie. Also bin ich sofort wieder heim, bevor das Knie ganz kaputt geht. Schmerzen sind von diesem Standpunkt aus gesehen genial! Durch Schmerzen erfahren wir, dass etwas nicht in Ordnung ist, und wir können reagieren! Nicht der Schmerz ist das Gefährliche, sondern die Ursache dafür! Die erkennen wir aber oft erst durch den Schmerz. Wenn wir die Bibelstelle so verstehen sollen, dass Gott allen Schmerz beseitigt hat,dann hätten wir ein echtes Problem! Aber so dürfen wir die Bibelstelle nicht verstehen. Es gibt so viele Dinge, die uns Schmerzen bereiten können. Unser schlechtes Gewissen, die Erkenntnis auf ewig verloren zu gehen, Dinge können uns „leid“ tun... Und durch Jesus Christus können wir Vergebung der

Sünden, die Gewissheit der Annahme bei Gott und das ewige Leben bekommen! Es gibt viele innere Schmerzen, die durch den Glauben an das Evangelium, die Freude und den Frieden weichen.

> **DASS JESUS UNSERE SCHMERZEN GETRAGEN HAT,
> MEINT AUCH KONKRET DIE SCHMERZEN,
> DIE WIR FÜR UNSERE SÜNDEN UND SCHULD VERDIENT HABEN.
> JESUS LITT AM KREUZ STELLVERTRETEND FÜR UNS,
> SO DASS UNS DIESE SCHMERZEN ERSPART BLEIBEN,
> WENN WIR AN JESUS GLAUBEN.**

Wir müssen auch zwischen dem ersten und zweiten Kommen Jesu unterscheiden. Bei seinem ersten Kommen ging es nicht darum den „Himmel auf Erden zu verwirklichen", sondern darum, das Werk am Kreuz zu vollbringen und uns die Ewigkeit bei Gott zu ermöglichen. Erst bei seinem zweiten Kommen wird Gott alle unsere Tränen abwischen. Erst ab dann werden wir in einer Welt ohne Krankheit, Leiden, Schmerzen und Sterben leben. Das darf nicht übersehen werden. Auch als Christen leiden und sterben wir in dieser Welt, und es ist gut möglich, dass wir wie Elisa an einer Krankheit sterben. Aber wir leiden und sterben anders! Wir haben die lebendige Hoffnung auf Gottes ewiges Reich! Aber noch leben wir in der Weltzeit, die durch Sünde und deren Folgen und Konsequenzen durchsäuerst ist. In dieser „Finsternis" sollen wir als Lichter für die Menschen leuchten. Heilung ist möglich, aber ein noch größeres Wunder ist ein Mensch, der inmitten seiner Leiden ein Licht für seine Mitmenschen ist. Weil er den Frieden Gottes hat, die Freude an dem, wie Gott ist, und was Gott tut.

Kapitel 26

Geheilt durch handelnden Gehorsam

Gehen wir einen Schritt weiter. Wenn Jesus uns in einer Krankheit persönlich herausfordert an Heilung zu glauben, wie sollen wir dann reagieren?

An diesem Punkt werden wir nicht weiter kommen, wenn wir auf unseren Zustand sehen, auf die Symptome oder unsere Gefühle achten. Auch in der Bibel sehen wir das immer wieder. Jesus sagte nicht: „Wenn du dich als geheilt fühlst, dann stehe auf", sondern umgekehrt! Jesus forderte Glauben und Handeln.

„Steh auf, nimm deine Liegematte und geh heim! Und er stand auf und ging heim."

Der Gelähmte hätte ja sagen können: „Jesus, genau das ist mein Problem! Ich bin gelähmt! Ich kann nicht aufstehen!" Der Gelähmte hätte auf seinen Zustand sehen und auf seine Erfahrung hören können, dann wäre er gelähmt geblieben! Glaube heißt in dieser Situation nicht, dass man grundsätzlich glaubt, dass Jesus heilen kann, **sondern dass man geistesgegenwärtig die konkrete und persönliche Aufforderung Jesu empfängt, glaubt und handelt!** Die persönliche Gegenwart Jesu ist wichtig, seine persönliche Aufforderung - aber auch unser Glaube, der sich im gehorsamen Handeln zeigt! Im Hebräerbrief steht: ***„Darum, wie der Heilige Geist spricht: „Heute, wenn ihr seine Stimme hört, so verstockt eure Herzen nicht…"*** Hebräer 3,7

Der Geist spricht! Und zwar „heute"! Genauso wie Gottes Geist einen Menschen auffordern kann, Buße zu tun, eine Sache in Ordnung zu bringen usw., genauso kann er uns auffordern unser Bett zu nehmen und aufzustehen! Die Heilung wird dann erst verwirklicht, wenn wir dem Geist gehorchen und handeln.

Der Glaube wird immer durch die dazugehörige Handlung vollkommen!

„Da siehst du, dass der Glaube zusammengewirkt hat mit seinen Werken, und durch die Werke ist der Glaube vollkommen geworden.“ Jakobus 2,22

„Denn wie der Leib ohne Geist tot ist, so ist auch der Glaube ohne Werke tot.“ Jakobus 2,26

Der biblische Glaube führt immer zur Handlung. Der Glaubende handelt und wartet nicht ab. Der Gelähmte hätte ja sagen können: „Jesus, heile mich erst, und wenn ich mich gesund fühle, werde ich aufstehen und mein Bett nehmen und heim gehen.“ Diesen Fehler machen die Meisten. Sie wollen erst sehen, fühlen und dann glauben. Es ist seltsam. So viele pochen beim Thema Sündenvergebung darauf und sagen richtigerweise: „Du kannst Gott und die Vergebung der Sünden nicht zuerst sehen oder fühlen. Du musst es glauben!“ Die gleichen Leute wollen aber oft zuerst sehen und fühlen, wenn es um Heilung geht! Paulus sagt: ***„Denn wir wandeln im Glauben und nicht im Schauen.“*** 2Kor. 5,7

Warte nicht darauf, dass sich die Symptome verändern oder dass sich der Zustand verbessert, bevor du glaubend handelst! Sondern erst durch den Glauben verändert sich was. Ein anderes Beispiel: ***„Und er ging wiederum in die Synagoge. Und es war dort ein Mensch, der hatte eine verdorrte Hand... und er spricht zu dem Menschen... Strecke deine Hand aus! Und er streckte sie aus, und seine Hand wurde wieder gesund wie die andere.“*** Markus 3,1

Der verkrüppelte Mensch streckte sie aus. Er tat das, was er eigentlich nicht konnte. Er glaubte wirklich und wurde durch gehorsamen Glauben, der sich im Handeln, im Ausstrecken des Armes zeigte, geheilt. Die Realität der Verkrüppelung wurde mit der neuen Realität der Heilung verändert - als er seine Hand ausstreckte. Oder nehmen wir ein persönliches Beispiel: Wir waren mitten im Umzug und hatten die Bücherkisten zu voll gepackt. Ich hatte Bandscheibenprobleme und wollte mir das nicht antun, so schoben wir die Kisten vor uns her, bis am Schluss nur noch die schweren Bücherkisten übrig waren. Da hatte ich aber schon derartige Schmerzen, dass ich mich kaum auf den Beinen halten konnte. Ich kam mir vor, als ob ich eine „Sollbruchstelle" an den Bandscheiben habe, wie eine Eieruhr. Oben breit, unten breit, aber in der Mitte dünn mit der Sollbruchstelle! Da hatte ich plötzlich die Worte Jesu in meinem Kopf: ***„Ihr werdet die Kraft des Heiligen Geistes empfangen..."*** Ich dachte: „Ja sicher, die Kraft ist auf den Zeugendienst bezogen und nicht auf Bücherkisten..." Aber der Gedanke ließ mich nicht los. Ich merkte, dass Jesus zu mir spricht und mir helfen will. Es wurde zu einer Herausforderung für mich! So bückte ich mich umständlich im Glauben und erwartete, dass Gott mich jetzt heilt. Die Schmerzen waren fürchterlich! Aber ich packte die erste Kiste und als ich mich aufrichtete, waren die Schmerzen weg. Ich sprang die Treppe mit der Kiste herunter und sang das Lied: „Es ist Kraft, Kraft, wunderbare Kraft in dem Blute des Herrn". Die Kisten waren schneller unten als alle anderen und ich hatte einige Zentner Bücher! Ich weiß ganz genau wie es war. Als ich mich bückte, fühlte ich nichts Gutes. Der Schaden, die Schmerzen und die eingeschränkte Bewegung waren eindeutig da. Aber wenn Glauben in Aktion ist, können Realitäten ganz schnell verändert werden! Jesus hatte mich herausgefordert zu glauben, dass er mich heilen will, und er tut es auf der Grundlage dessen, dass er die Krankheiten ans Kreuz getragen hat. **Heilung geschieht durch Gottes persönliche Zuwendung in Jesus Christus und unseren Glauben in Aktion!** Das haben viele so erlebt. Ein Bruder erzählte mir, dass er eine wachsende Beule am Körper hatte und mehr und mehr darüber beunruhigt war. Eines Nachts bat er Gott um Heilung und spürte die Herausforderung die Beule wegzunehmen! Wie sollte das denn gehen?! Aber er versuchte es, und die Beule ließ sich abnehmen und kam nie wieder! Ein anderer Freund und Bruder hatte so gewaltige Rückenbeschwerden, dass er nicht mehr ein und aus wusste. Über Wochen wurde es schlimmer und er hatte keinen Mut dafür zu beten, er wollte sich dem Thema nicht stellen. Er hatte Angst, dass er enttäuscht wird, deshalb wollte er es erst gar nicht versuchen. Aber eines Tages war es so schlimm, dass er im Bürostuhl Gott anflehte ihn zu heilen. Er hatte so schlimme Schmerzen, dass er sich nicht mehr bewegen konnte. Er spürte die Herausforderung aus dem Sessel aufzustehen und instinktiv stand er auf... Das ist Jahre her, er hat seitdem nie wieder Rückenschmerzen gehabt. Ich hatte auch Heilung an meinem Rücken erlebt, aber ich musste etwas in meinem Leben ändern. Ich lebte falsch. Ich saß zu viel im Büro, im Auto, kaum Bewegung, nahm an Gewicht zu und an Kraft und Beweglichkeit ab. Die Schmerzen kamen wieder. Ich musste lernen mein Leben umzustellen. Früher hatte ich es mit Sport übertrieben. Dann habe ich durch Gottes Wort und Anweisung meine Prioritäten geändert. Aber zu wenig war auch nicht gut. Seitdem ich die Hunde habe, bin ich in Bewegung! Die habe ich immer dabei, gerade weil sie mich zum Laufen verpflichten. Jedes Frühjahr arbeite ich im Wald, sonstige Arbeiten auf dem Hof, weniger und anders essen... Ich achte so gut ich kann, wenn ich dienstlich unterwegs bin, dass ich schwimmen gehe oder meinen Körper sonst irgendwie fit halte. Seitdem bin ich seit Jahren ohne Rückenschmerzen. Wunder? Gerne! Aber Lebensänderung ist auch notwendig.

Kapitel 27

Krankheit in der Gemeinde Korinth

Paulus sprach ein Problem in der Korinther Gemeinde an, das erst offensichtlich wurde, als einige krank wurden und sogar starben!

„Darum sind auch viele Schwache und Kranke unter euch, und nicht wenige sind entschlafen." 1Korinther 11,30

Was war das Problem?

„Ist jemand unter euch krank, der rufe zu sich die Ältesten der Gemeinde, dass sie über ihm beten und ihn salben mit Öl in dem Namen des Herrn. Und das Gebet des Glaubens wird dem Kranken helfen, und der Herr wird ihn aufrichten; und wenn er Sünden getan hat, wird ihm vergeben werden. Bekennt also einander eure Sünden und betet füreinander, dass ihr gesund werdet. Des Gerechten Gebet vermag viel, wenn es ernstlich ist." Jakobus 5,14-16

Manche nahmen unwürdig das Abendmahl. Das Abendmahl war ursprünglich nicht nur ein Ritual, wo man einen Brocken Brot und einen Schluck Wein bekam, wie es heute oft der Fall ist, sondern Jesus aß mit den Jüngern und hatte Gemeinschaft. Da war konkretes Interesse aneinander und der Wille füreinander da zu sein. Aber in Korinth war der Wille zu echter Gemeinschaft nicht bei allen da (V. 18). Manche wollten nichts von ihrem Essen abgeben und futterten sich voll, während sie andere verachteten (V. 22). Manche waren sogar betrunken. Andere blieben hungrig und schämten sich. Solche Zustände waren nicht zu akzeptieren. Es wurde bei manchen sichtbar, dass sie einen oberflächlichen und nichtsnutzigen Glauben hatten. Viele nahmen das

Abendmahl eher als etwas, was funktioniert, wie ein regelmäßiges Update für Sündenvergebung. Das ist auch heute weit verbreitet. Viele denken: „Ich kann ja sündigen und dann gehe ich zum Abendmahl und alles ist wieder O.K.“ Hinter solch einer Haltung verstecken sich viele falsche Vorstellungen, eine falsche Einstellung und Sünden aller Art. Die Konsequenzen ließen nicht auf sich warten. Manche wurden krank und manche starben sogar. Wie ging Paulus vor, als er mit den Krankheiten konfrontiert wurde? Lud er einen Heilungsevangelisten ein, oder sagte er allen Kranken, sie sollen einfach glauben, dass ihre Krankheit am Kreuz besiegt ist? Oder kam er mit „positivem Denken“, wie eine weltbekannte Predigerin predigt: „Sage dir selber: Ich werde es noch gut haben! Ich werde gesund und werde noch lange leben!“ War dies der Rat des Paulus? Nein! Er forderte sie auf, sich zu ändern! So einfach ist das! Es gibt einen gewaltigen Unterschied zwischen positivem Denken und der Wahrheit glauben!

Wie biblisch, wahr und hilfreich ist es, wenn ein Heilungsevangelist in eine Gemeinde kommt und allen pauschal Heilung predigt? Im Prinzip läuft das so ab, dass der Redner einige Bibelstellen einseitig dahin auslegt, dass Jesus heute alle heilen will. Dann werden persönliche Erfahrungen davon berichtet, wie viele hier und dort geheilt worden sind. Das weckt den „Glauben“ der Anwesenden und dann steht nicht selten eine Schlange von Menschen vor dem Redner, der dann einem nach dem anderen Heilung zuspricht. Nun stell dir vor, in einer Gemeinde wären diese angesprochenen Kranken aus der Korinther Gemeinde, dazu Elisa mit der Krankheit zum Tode, der Kranke, den Paulus in der Stadt zurückgelassen hat, Lazarus, den die beiden Schwestern mit aller Kraft zu der Veranstaltung bringen würden, die aussätzige Miriam und Gehasi der geldgierige Diener des Propheten... Jetzt stell dir vor, der Redner würde sagen: „Gott will euch jetzt alle heilen! Ihr müsst nur glauben!“ Ist dies biblisch, wahr und hilfreich? Nein, ist es nicht. Und aus Erfahrung kann ich sagen, dass ich einige Geheilte solcher Veranstaltungen kenne, die eben nicht geheilt worden sind, egal wie oft sie für sich haben beten lassen. Doch die „Redner“ oder „Heiler“ tun das dann einfach mit dem Argument ab, dass die nicht richtig geglaubt haben. Dabei liegt es nicht an der Glaubensstärke, sondern daran, dass hier grundsätzlich etwas Falsches gepredigt wird!

Jakobus hat stattdessen einen Rat, der um einiges vernünftiger ist. Als Ältester der Gemeinde in Jerusalem, in der schnell 5000 Mitglieder waren, gab es vermutlich immer wieder viele Kranke. Aber Jakobus organisierte keine Heilungsgottesdienste bei denen pauschal für alle Kranken gebetet wurde. Weil es verschiedene Ursachen für Krankheiten gibt und auch unterschiedliche Absichten und Vorgehensweisen Gottes, empfiehlt Jakobus das persönliche Gespräch mit dem Kranken.

„Ist jemand unter euch krank, der rufe zu sich die Ältesten der Gemeinde, dass sie über ihm beten und ihn salben mit Öl in dem Namen des Herrn. Und das Gebet des Glaubens wird dem Kranken helfen, und der Herr wird ihn aufrichten; und wenn er Sünden getan hat, wird ihm vergeben werden. Bekennt also einander eure Sünden und betet füreinander, dass ihr gesund werdet. Des Gerechten Gebet vermag viel, wenn es ernstlich ist.“ Jakobus 5,14-16

Man sollte sich für einen Kranken wirklich Zeit nehmen. Es gibt, wie gesagt, unterschiedliche Ursachen für Krankheiten und verschiedene Möglichkeiten, wie es damit weiter geht.

Zentral wichtig ist das Bekennen von Sünde. Jakobus meint hier aber nicht ein oberflächliches Erfüllen einer religiösen Pflicht, sondern in solch einem Gespräch muss die Priorität ins Zentrum. Die Frage ist doch: Glaubt der Kranke eigentlich wirklich an Jesus Christus? Ruht sein Glaube in Jesus? Ist er wirklich gerettet? Lebt er in Harmonie mit Gott? Oder zeigt es sich, dass dieser Kranke nicht wirklich glaubt, sondern vielleicht seit Jahren in der Gemeinde dabei ist, aber nie wirklich umgekehrt ist? Oder lebt der Kranke mit falschen Vorstellungen und Erwartungen?...

Es ist wichtig, dass wir den Menschen helfen! Und wenn wir nicht erkennen, wo sie stehen, dann können wir ihnen auch nicht wirklich weiterhelfen!

Nur wenn wir mit dem Kranken reden, werden wir auch feststellen, ob er irgendwo falsch denkt und falsch lebt, oder welche Not er hat. Erinnert euch an die krebskranke Frau, die in großer Sorge über ihre Kinder war, oder jene, die nicht vergeben konnte und an dem Hass in ihr selbst litt... Erst im Gespräch stoßen wir vielleicht auf eine mögliche Ursache für eine konkrete Krankheit. In dieser Situation kann Gott uns auch weiterhelfen, indem er uns etwas Konkretes zeigt, wie ich es bei der Frau erlebt habe, die eine Strategie aufgebaut hatte, um Mitleid und Anerkennung zu bekommen.

Erst im Gespräch können wir auch feststellen, ob jemand glaubend in Christus ruht, oder ob er durch die Krankheit und falsche Vorstellungen nicht mehr weiß, was und wie er glauben soll! Manche irren völlig vom richtigen Weg ab, auch das spricht Jakobus in diesen Versen an (5, 19).

Deshalb muss man mit dem Kranken reden und ihm versuchen zu helfen, die Wahrheit zu erkennen. Viele Menschen, die ich erlebt habe, waren froh, dass sie endlich mit jemandem über gewisse Sünden reden konnten, die auf ihrem Gewissen lasteten. Sie suchten echten Rat und so konnten wir reden, Buße tun und beten.

Hier ist auch das Gebet des Glaubens angesprochen. Vorsicht: Gebet des Glaubens bedeutet nicht, dass man sich die Gesundheit einbildet, einredet und dann dafür dankt! Das ist nicht ein Gebet des Glaubens, sondern ein Gebet der Einbildung! Wenn Gott konkret Heilung zuspricht, dann können wir das glauben. Aber Gott kann, wie gesagt, auch andere Pläne haben. Wenn wir nicht wirklich wissen, was Gott in der momentanen Situation vorhat, dann können wir unseren Glauben darin zeigen, dass wir ihn bitten zu heilen. Aber dass wir ihm auch vertrauen, dass er es besser weiß und das Richtige tun wird.

Das nächste Kapitel ist hier wichtig, denn was Gott auch tut und vorhat, er wird uns nicht einfach der Situation überlassen, sondern kann uns heilen, oder zu unserem Herzen sprechen, so dass wir in seinem Wort zur Ruhe kommen.

Kapitel 28

Gott lässt dich nicht in Unwissenheit

Gott hat nicht immer die Lösung für uns vorgesehen, die wir uns vielleicht als „Erlösung“ in einer bestimmten Situation wünschen. Wir dürfen nicht vergessen, dass Gott mit dieser Welt ein Ziel und einen Plan hat. Es ist nicht das Ziel, dass es alle so lange und so gut wie möglich auf dieser Welt haben! Wegen der Sünde ist das eine Illusion! Gottes Ziel ist es, dass wir in dieser Welt ein Licht sind um andere zu Jesus zu führen, denn in der neuen Welt geht das Leben weiter!!!

Wir müssen deshalb immer wieder genau hinschauen, was der Wille Gottes ist – was das Große und Ganze betrifft, wie auch unsere persönliche Lebenssituation.

Es gibt eine besonders schwere Situation, in der Paulus war. Er beschreibt sie folgendermaßen: ***„Und damit ich mich wegen der außerordentlichen Offenbarungen nicht überhebe, wurde mir ein Pfahl fürs Fleisch gegeben, ein Engel Satans, dass er mich mit Fäusten schlage, damit ich mich nicht überhebe. Seinetwegen habe ich dreimal den Herrn gebeten, dass er von mir ablassen soll. Und er hat zu mir gesagt: Lass dir an meiner Gnade genügen, denn meine Kraft wird in der Schwachheit vollkommen! Darum will ich mich am liebsten vielmehr meiner Schwachheiten rühmen, damit die Kraft des Christus bei mir wohne.“*** 2Kor. 12,7-9

Was für ein Leiden Paulus konkret hatte kann keiner sagen. Aber ich finde es sehr gut, dass es nicht konkret da steht, um was es sich handelt, denn sonst würde es wieder die einen geben die sagen: „Es bezieht sich nur auf diese Arten von Leiden und nicht auf jene…“ Dabei geht es hier um etwas ganz anderes!

Hier geht es darum, dass Gott uns nicht in Unwissenheit lässt, wenn wir ihn wirklich in einer Sache suchen!

Paulus betete in seinem Leiden drei Mal, vielleicht hatte er anfänglich konkrete Vorstellungen davon, was Gott tun soll, denn:

Wir Menschen neigen alle dazu, gleich in bessere Verhältnisse kommen zu wollen!

Aber da hilft kein Einbilden, Einreden, auch nicht die ganze Kraft in den Glauben zu pressen. Auch kein Bitten und Flehen, auch kein Hüpfen und Rufen „Im Namen Jesu!" Da hilft nur Hören! Als Paulus nicht bekam, worum er bat, merkte er, dass er HÖREN muss.

Das was Paulus hier schreibt ist echte Aufrichtigkeit. Er erkennt in dieser Situation, dass er dazu neigt, sich über andere zu erheben und schämt sich nicht, das an alle zu schreiben! Er hat so viel von Gott empfangen und er hat so viel mit Gott erlebt, dass er in Gefahr war, sich zu überheben! Und nicht nur das! Paulus begreift, dass dieser „Pfahl im Fleisch" deshalb ein Vorteil und nicht ein Nachteil ist! Der Pfahl im Fleisch ist im Leben des Paulus eine Einschränkung, eine Begrenzung, ein „Leiden", aber von Gott gesehen hilfreich und heilsam!

Das kann nur ein Mensch so sehen, dem klar und deutlich ist, wie schlimm Überheblichkeit, Stolz und Selbstdarstellung ist. Nur wenn wir die geistlichen Werte Gottes erkennen, können wir in der Realität eines Bibelverses leben, der für uns alle immer wieder eine Herausforderung ist: ***„Denen, die Gott lieben, dienen alle Dinge zum Besten."***
Römer 8,28

Wer Gott wirklich liebt, der bewertet anders, denn er zieht die geistliche Dimension in Betracht und kann seine Situation im Lichte der geistlichen Dinge anders bewerten.

Wer weltlich und fleischlich gesinnt ist, der wird immer nur in bessere Verhältnisse kommen wollen, weil er blind ist für die geistlichen Dinge.

Erst als Paulus beim dritten Beten bereit war zu hören, vernahm er auch, was der Herr ihm sagte. Daraus können wir Folgendes schließen: Paulus war nach dem ersten Gebet vielleicht noch nicht offen oder eingestellt auf diese Antwort Gottes. Das muss nichts Negatives sein.

Es ist ja nur menschlich und ganz natürlich, dass wir in bessere Verhältnisse kommen wollen. Es ist deshalb auch nicht falsch Gott darum zu bitten. Ganz selbstverständlich kann man auch davon ausgehen, dass Gott einen erhört. Aber wenn nicht das eintritt, was man erwartet, dann wird einem Menschen mit der richtigen Einstellung, wie Paulus, klar, dass Gott eventuell etwas anderes vorhat. Dann ist es an der Zeit zu hören! Dann müssen wir uns von Gottes Geist leiten lassen. Das was Gott uns dann zeigt, wie bei Paulus, das sind Dinge, die uns kein Mensch zeigen könnte. Wir können diese persönliche Beziehung mit Gott nicht ersetzen. Paulus begriff, dass sein Leiden auf die Distanz gesehen ein Vorteil für seinen geistlichen Dienst sein wird und nicht ein Nachteil! Und er vernahm: ***„Lass dir an meiner Gnade genügen, denn meine Kraft wird in der Schwachheit vollkommen!"*** 2Kor. 12,9

Damit war Paulus zufrieden. Er fand Ruhe und Gewissheit im Reden Gottes für seine Situation und nicht nur das, er fand damit zu einer ungeahnten Quelle der Kraft - in seiner Schwachheit! Gott hatte eine andere Lösung für ihn - und das fordert uns heraus zu hören, umzudenken, uns zu verändern,...! Was hat der Geist mir zu sagen, was hat er vor? Ich möchte dir sagen: Wenn du nicht die Heilung erfährst, die du dir erhofft hast, dann rede doch mal mit Jesus darüber, was er denn beabsichtigt. Renne nicht von dem einen Heiler zum anderen. Ersetze nicht das persönliche Gespräch mit Jesus durch das Reden mit anderen. Der eine sagt dir dies, der andere das, was bringt's?! So wirst du noch mehr verwirrt und kommst vielleicht in Chaos und Verzweiflung.

Was soll das eigentlich? Die ganze Zeit sagen wir, dass wir eine persönliche Beziehung zu Jesus haben, und dann müssen wir feststellen, dass wir nur über ihn reden können, aber nicht mit ihm!? Eine Krankheit kann einem diesbezüglich die Augen öffnen. Wenn es uns gut geht, kommen wir oft nicht mal auf die Idee, dass etwas in unserem Leben nicht in Ordnung ist. Und schon mancher ist erst nach schwerer Krankheit zu Jesus umgekehrt.

Das ist das Prinzip des verlorenen Sohnes. Auf seinem Weg bergab hängte er sich an einen Bürger des Landes und wollte dort Hilfe finden! Obwohl er den Vater kannte, war er noch nicht bereit, zu ihm zu kommen. Den Eindruck habe ich bei manchen, die herumrennen und Hilfe suchen. Bei vielen, die einen Rat wollen, habe ich den Eindruck, dass sie in Wahrheit vor Gott davonrennen. Sie sind noch nicht so weit, wirklich und aufrichtig zu Gott zu kommen. Aber hier laufen sie gegen eine Wand. Gott lässt sich nicht ersetzen. Der verlorene Sohn fand die Hilfe nicht, die er suchte! Er kam in die volle Existenzkrise. Aber dieser Tiefpunkt kann zum Wendepunkt im Leben werden.

Man kann Ratschläge geben, man kann vielleicht falsche Vorstellungen korrigieren, aber ich habe vielen auch gesagt: „Ich kann dir Gott und sein persönliches Reden nicht ersetzen. Hör auf von einem zum anderen zu rennen. Geh zu Gott und stell dich mit deinem ganzen Wissen und Gewissen, mit deinem ganzen Leben und höre auf ihn.“ Viele haben mich daraufhin komisch angeschaut, aber manche von ihnen habe ich später wiedergetroffen und sie haben mir mit Freude gesagt, dass dies der beste Rat war, den sie bekommen konnten. Gott hatte zu ihnen geredet, und sie wussten nun mit ihrer Situation umzugehen, so wie Paulus.

Wenn du krank bist, dann willst du sicher wie Paulus so schnell wie möglich in bessere Verhältnisse kommen. Aber das ist nicht immer das Beste! Vielleicht hat Gott einen anderen Plan sich zu verherrlichen, aber eines kannst du glauben: Wenn du wirklich Gottes Willen suchst, dann wird dich Gott nicht in Unwissenheit und Zweifeln lassen. Sondern dir mindestens so viel sagen, dass du damit zufrieden bist und in deiner Situation den Frieden Gottes hast. Das kann dir keiner ersetzen. Dieses Reden Gottes kann uns sehr herausfordern. Vielleicht sollen wir Einschränkungen oder Lebensänderungen akzeptieren, die uns nicht in den Kram passen, aber Gott wird uns dabei einen Grund zeigen, wie ihn Paulus erkannte.

Diesen Rat gab ich einem Bruder, der einen Burnout hatte. Er war völlig am Ende. Krank wie er war, konnte er seine Arbeit nicht mehr tun, er sah seine ganze Existenz ruiniert. Er wollte, dass ich für Gesundheit bete, und dass er wieder arbeiten kann. Aber ich merkte, dass dies nicht das Richtige ist. Ich machte ihm Mut jetzt ganz konkret mit Gott zu sprechen. Mit seinem Wissen und mit seinem Gewissen. Nur er und Gott. Alles andere hilft nicht. Es war die Zeit für ihn gekommen, sein Leben zu ändern. Er nahm die Herausforderung an. Die Zeit verging, und später konnte er die Situation aus einer anderen Perspektive sehen. Erst durch die Leidenszeit erkannte er, wie sehr er seinen Wert an seiner Arbeit festgemacht hatte. Stolz, Hochmut, und viele andere Regungen erkannte er bis dahin gar nicht. Durch die Krankheit arbeitete Gott an seiner Persönlichkeit und an seiner ganzen Lebenssituation. Später sagte er lächelnd: „Ich bin Gott so dankbar, dass er mich damals von dieser Arbeit befreit hat. Erst heute sehe ich, wie sehr sie mich belastet und meine Familie ruiniert hätte..." Zeiten der Krankheit können heilsame Zeiten sein – wenn wir lernen auf Gott zu hören.

Gott hat immer einen konkreten und persönlichen Plan, den wir nicht pauschalisieren können. Abraham bekam eine Zusage Gottes, dass er einen Sohn bekommen wird – und er glaubte und bekam im hohen Alter einen Sohn! Was nun? Was können wir daraus lernen? Sollen wir jetzt ins Altersheim gehen und pauschal predigen, dass sie nur glauben sollen, dann werden sie wieder zeugungsfähig?! Nein! Das, was wir hier lernen können ist, dass wir Gottes konkretes Wort brauchen und darauf nicht verzichten können, wenn wir glauben wollen.

Eine Schwester war lange depressiv und bekam auch Antidepressiva vom Arzt. Nachdem sie zum Glauben gekommen war, änderte sich einiges in ihrem Leben. Sie fand ihren Wert durch Jesus wieder, sie wusste sich geliebt, hatte wieder Hoffnung, Mut und Freude am Leben und eines Tages hatte sie auf dem Herzen, die Tabletten wegzulassen. Also ließ sie die Tabletten weg. Der Arzt sagte ihr bei der nächsten Kontrolle, dass sie in ein tiefes Loch fallen wird, aber sie ist nicht in ein tiefes Loch gefallen, sondern der Glaube an Jesus Christus hat sie innerlich geheilt. Aber was lernen wir daraus? Sollen wir jetzt zu allen gehen, die Tabletten schlucken, und ihnen sagen, dass sie damit aufhören sollen? Nein! Das kann schlimme Folgen haben. Auch hier können wir nur wiederum lernen, dass jeder konkret auf Gott hören muss! Jeder muss seinen eigenen Weg mit Gott gehen, oder es geht gar nichts!

Ich bin felsenfest davon überzeugt: Gott wird uns nicht in Unwissenheit lassen, wenn wir ihn wie Paulus in einer Sache suchen. Er kann uns eine Lösung zeigen, Frieden schenken, oder einen ersten Schritt in eine Richtung zeigen. Aber die persönliche Beziehung zu Gott können wir nicht ersetzen.

Kapitel 29

Natürliche Heilmittel

Mancher leidet unter Beschwerden und braucht einen guten Rat. Paulus betete für Kranke und erlebte oft auch Heilung. Aber Paulus hatte auch andere Lösungen für Probleme. Timotheus, seinem treuen Mitarbeiter, empfahl er etwas Wein, wegen der Magenprobleme.

„Trinke nicht mehr nur Wasser, sondern nimm ein wenig Wein dazu um des Magens willen und weil du oft krank bist.“ 1Tim. 5,23

Timotheus hatte Magenprobleme und Wein konnte helfen. Aber was bedeutet das jetzt? Dass alle Wein trinken sollen? Ich betone das immer wieder. Dies ist eine falsche Vorgehensweise, die Bibel zu gebrauchen! Als Jugendliche lasen wir die Bibel genauso falsch: „Da steht es, dass man Wein trinken soll. Also ist es keine Sünde!“ Aber wir dürfen viele Dinge der Bibel nicht pauschal verstehen. Einem anderen muss man sagen, dass er nie wieder Wein trinken soll, weil er ein Alkoholproblem hat! Und anderen muss man sagen, dass sie nie damit anfangen sollen, weil sie schon beim ersten Schluck die Kontrolle verlieren könnten und das haben viele mit ihrer Gesundheit bezahlt oder gar mit ihrem Leben! Wie viele sind durch das erste Glas umgefallen und haben sich den Schädel eingeschlagen, oder haben in ihrem Übermut Dinge getan, die sie ihr Leben lang bereut haben! Ich habe mehrere Menschen in Rollstühlen kennen gelernt, die unter Alkohol den entscheidenden Fehler gemacht haben, der ihnen die Gesundheit geraubt hat.

Aber Paulus hat kein Problem damit, zu differenzieren und natürliche Heilmittel sind völlig legitim. Ein Verwandter von uns wurde schwer krank und immer kränker. Er wollte unbedingt Maisbrei essen, aber man meinte wohl, dass es nicht gut für ihn sei, deshalb bekam er ihn nicht. Als er im Sterben lag, wollte er seine letzte Mahlzeit und er bekam den Maisbrei. Plötzlich wurde es besser mit ihm! Den damals Anwesenden blieb nur die Spekulation, dass vielleicht im Mais ein Stoff war, der diesem Mann fehlte? Unser Körper ist ein genialer Computer. Wir merken, ob wir Durst oder Hunger haben, ob uns Wasser oder andere Stoffe fehlen. Der Mann merkte wohl, dass er Mais braucht!

Manche natürlichen Substanzen können heilend wirken. Knoblauch ist ein natürliches Antibiotika – warum sollten wir diese Wirkung nicht nutzen? Die Deutschen schmähen ihn, weil er unangenehm riecht. Deshalb bin ich so gerne in Tschechien und der Slowakei! Sie scheren sich nicht so sehr um solche Sachen – guten Appetit!

Übermäßiger Verzehr von Fleisch kann gesundheitliche Probleme hervorrufen, wie z.B. Gicht. In Norwegen wollte ein Musiker seine Arbeit aufgeben, weil er nicht mehr Klavier spielen konnte. Er aß zu viel Fleisch. Nachdem er seine Ernährung durch den Rat eines Bruders umgestellt hatte, konnte er bereits nach 2 Wochen wieder spielen! Ich habe das selber erlebt. Auch ich habe in den Händen starke Schmerzen gehabt und wirkliche Probleme bei den schweren Arbeiten beim Bäume fällen und Holzhacken usw. Es wurde immer schlimmer und ich hatte dann sogar Schmerzen beim Lenken des Autos! Seitdem ich weniger Fleisch esse, sind die Schmerzen weg. Vor allem das fette Schweinefleisch ist nicht gesund.

Es gibt diese Zusammenhänge und sie werden oft nicht beachtet. Ich habe Sachen erlebt, die absolut verrückt sind! Ich war auf einem „Heilungsgottesdienst" wo der Redner mindestens 200kg schwer war. Er berichtete dann davon, wie viele Menschen durch ihn geheilt worden sind und sagte, dass er nun selber Heilung braucht. Er habe Herz und Kreislaufprobleme und brauche jetzt ein Wunder. Also ließ er die „Versammlung" für sich beten. Ich war fassungslos. Auf die Idee, dass er vielleicht abnehmen sollte kam keiner?! Oder vielleicht hatte keiner den Mut ihm das zu sagen?

Es gibt Menschen mit Stresssymptomen und anderen Krankheiten, aber man macht es sich einfach: „Gott heilt jetzt und hier, wir müssen nur glauben" und damit hat sich das. Aber nicht in der Realität. Würde dem Gestressten nicht damit geholfen, wenn er lernt, Ruhe zu finden und sein Leben anders zu leben? Vielleicht braucht er Lebensberatung, richtige Prioritäten, usw. Es ist diese einseitige Art und Weise, mit Krankheiten und Kranken umzugehen, die weit verbreitet ist. Paulus hatte eine andere Art. Mancher braucht gute

Ratschläge und Lebenshilfe, damit er gesundheitlich wieder auf die Beine kommt.

Wir sehen also: Beten und Handauflegen ist nicht ein „Allheilmittel.“ Geistliche Apostel zeichnen sich nicht dadurch aus, dass sie „mutig“ und „entschlossen“ für jeden beten, sondern indem sie durch Gottes Weisheit differenziert helfen können.

Kapitel 30

Medizin

Für viele Krankheiten gibt es auf dem Markt auch Medizin. Hier gehen die Meinungen der Christen stark auseinander. Soll man zum Arzt gehen oder nicht? Darf man operiert werden? Darf man Medizin nehmen? Beweist man damit nicht seinen Unglauben? Ich meine, dass das eine nicht auf Kosten des anderen gehen darf. Der Besuch beim Arzt soll nicht unser Hören auf Gott ersetzen. Manch einer stopft sich vielleicht mit Medikamenten voll, obwohl ihm Gottes Wahrheit helfen könnte. Manch einer rennt von Arzt zu Arzt, obwohl konkreter Gehorsam vielleicht die einzige Lösung ist. Ein anderer will nicht von Gott enttäuscht werden, oder ist zu stolz dazu, oder denkt so klein über sich, dass er lieber gleich zum Arzt geht, obwohl Gott ihn vielleicht heilen will. Und mancher wird durch den ärztlichen Wahnsinn künstlich und maschinell am Leben erhalten, obwohl es für alle Beteiligten schon lange besser wäre, wenn er tot wäre. Auch hier können wir nicht pauschalisieren.

Grundsätzlich kann man sagen, dass die Medien momentan voll sind mit Berichten, dass Menschen viel zu viele Medikamente verschrieben bekommen. Immer mehr Kinder und immer jüngere Kinder erhalten z.B. Medikamente für auffälliges Verhalten, dabei fehlt ihnen vielleicht nur die Aufmerksamkeit, Liebe und sinnvolle Zeit mit den Eltern. Oder klare Regeln und Grenzen. Das sage nicht ich, sondern Ärzte und Psychologen! Bei der Pharmaindustrie geht es um Riesenumsätze und die wollen, dass so viele Medikamente geschluckt werden wie möglich. Grippeimpfungen für alle und danach kommen berechtigte Zweifel auf, ob das überhaupt notwendig und sinnvoll war? Ich habe mich nicht impfen lassen, aber ich mache daraus keine Glaubensfrage. Man muss sich schon Gedanken über all das machen und darf nicht einfach alles glauben, was einem gesagt wird – auch dem Arzt nicht. Viele Menschen nehmen Medizin, die sie gar nicht brauchen, oder die gar nicht optimal für ihre Krankheit ist usw.

Wenn ich in meine Familie schaue, dann stelle ich fest, dass einige regelmäßig Medizin zu sich nehmen (müssen). Mein Vater muss aufgrund seiner schweren Diabetes und wegen der Herzkrankheit usw. einige Medikamente zu sich nehmen. Ich erinnere mich, wie einmal einer zu meinem Vater sagte, dass er nicht richtig glaubt, sonst würde er gesund sein. Ich habe mich damals (als Teenie) so aufgeregt, dass ich ein Gewehr haben wollte! Nur nebenher: Derjenige, der mit dieser Lehre anfing, starb an Krebs. Ich hoffe, dass diese Krankheitszeit „heilsam" für ihn war. Tatsächlich ist es so, dass viele Menschen bei meinen Eltern Rat suchen, denn immer wieder gibt es diese Fälle, wo Menschen meinen: „Christen glauben nur so lange, wie es ihnen gut geht. Wenn sie mal in Schwierigkeiten kommen, dann will ich sie sehen! Der Pfaffe hat gut reden! Soll der mal das durchmachen, was ich durch mache, dann will ich ihm zuhören!" Bei meinen Eltern begreifen Menschen, dass sie wohl nicht glauben, „weil es ihnen gut geht." Sie begreifen, dass es also andere Gründe dafür geben muss, dass sie glauben und diese Gründe können meine Eltern dann nennen! Wie ich bereits erwähnt habe, sind Krankheiten immer eine Plage und Begrenzung, aber auch eine Chance. Vergiss das Kerzenprinzip nicht.

Ich habe nicht grundsätzlich und prinzipiell etwas gegen Medizin. Aber ich denke, dass ich nichts Falsches sage, wenn ich behaupte, dass wir alle etwas gesünder leben würden, wenn wir mehr in Harmonie mit Gott kommen würden. Auch dass vielen Krankheiten vorgebeugt werden könnte und viel an Medizin und Behandlung überflüssig wäre, wenn wir mehr auf Gott hören würden.

KAPITEL 31

HEILUNG UND GLAUBE

Wir sahen in Markus 5,5, dass Jesus sich über den Unglauben der Menschen wunderte und deshalb in diesem Umfeld nur wenige heilte. Jesus tat alles dafür, dass wir begreifen, dass unser Glaube zur Heilung dazugehört. Immer wieder sagte er im Zusammenhang von Heilungen Sätze wie:

„Euch geschehe nach eurem Glauben!“ Matth. 9,29

„Dein Glaube hat dich gerettet!“ Matth. 9,22

Wir haben vorhin festgestellt, dass es für Gott in seiner Allmacht keine Wunder gibt - aber es gibt etwas, das Gottes Allmacht aus unserem Leben ausgrenzen kann: Unser Unglaube. Deshalb legt Jesus immer wieder schweres Gewicht auf unseren Glauben!

Im Matthäusevangelium Kapitel 8 will Matthäus hauptsächlich drei Dinge aufzeigen: Dass Jesus **heilen will, heilen kann** und dass er auch **heilt!**

„Ein Aussätziger kam, fiel vor ihm nieder und sprach: Herr, wenn du willst, kannst du mich reinigen! Und Jesus streckte die Hand aus, rührte ihn an und sprach: Ich will; sei gereinigt! Und sogleich wurde er von seinem Aussatz rein.“ Matth. 8,2-3

Im darauf folgenden Kapitel zeigt uns Matthäus dann auf, dass der Glaube zur Heilung zentral wichtig ist!

„Und Jesus fragte sie: Glaubt ihr, dass ich dies tun kann? Sie sprachen zu ihm: Ja, Herr! Da rührte er ihre Augen an und sprach: Euch geschehe nach eurem Glauben! Und ihre Augen wurden geöffnet.“ Matth. 9,28-29

Unser Glaube ist wie eine Leitung, durch welche die Heilung Gottes strömt. Aber hier stoßen wir auf ein gigantisches Problem! Was ist der Glaube überhaupt? Was soll ich glauben? Viele Menschen versuchen

„stärker zu glauben" aber wie soll das gehen? Sollen wir unsere Willensstärke in den Glauben pressen? Oder was ist hier gemeint?

Zuerst etwas zum Thema „Glaube" an sich: Der Glaube ist wie eine unsichtbare Hand, die das ergreift und festhält, was Gott als Wahrheit anbietet. Der Glaube ist überhaupt nicht kompliziert. Wir glauben den ganzen Tag. Wir glauben, dass der Bus zu einer gewissen Zeit fährt und richten uns danach ein, wir glauben so viele Dinge! Der Glaube braucht keine Anstrengung, er ist völlig natürlich! Ein Kind glaubt einfach! Erzähle einem Kind etwas und es glaubt einfach! Gott hat uns so geschaffen, dass wir glauben. Der Glaube ist eine ganz natürliche und kinderleichte Sache.

Das Problem liegt woanders: Wenn uns jemand eine falsche Zeit für die Abfahrt des Busses nennt, dann verpassen wir vielleicht den Bus! Das erste Problem: Wir glauben das Falsche! Und weitere Probleme: Wir werden ganz natürlich zurückhaltend mit unserem Glauben und glauben nicht jedem, der uns eine Uhrzeit für die Abfahrt nennt! Wir halten also den Glauben zurück! Und hier verstehen wir vielleicht das Problem. Viele Menschen glauben Falsches über Gott oder halten ihren Glauben zurück, weil sie verunsichert oder enttäuscht worden sind. Es gibt so viele Religionen, warum sollen sie an die Wahrheit der Bibel glauben? Es gibt so viele Meinungen zu jedem biblischen Thema, warum soll ich dem oder jenem glauben? Die Menschen halten ihren Glauben zurück. Die ganzen Falschinformationen über Gott, machen das Glaubensleben so kompliziert. Menschen wissen oft wenig, oder Falsches, oder Einseitiges und deshalb glauben sie das Falsche, ziehen ihren Glauben zurück und wollen nichts damit zu tun haben. Viele Menschen glaubten an den Namen Jesu, aber weil sie damit Falsches verbanden, konnte sich Jesus ihnen nicht anvertrauen. (Johannes 2, 23–26)

Einige haben auch schlechte Erfahrungen gemacht und haben einen guten Grund, weshalb sie ihr Vertrauen und ihren Glauben zurückhalten. Ich sage dir ganz ehrlich. Ich bin so gewaltig von „Christen" getäuscht und enttäuscht worden, dass ich längst aufgegeben hätte, wenn ich Christus nicht hätte und die Bibel nicht selber lesen würde.

Die Bibel fordert uns nicht auf, einfach alles zu glauben! Im Gegenteil! Die Bibel warnt vor Lügen, Irrlehren, falschen Propheten, Verführungen und fordert uns auf, zu prüfen! Das setzt aber voraus, dass wir das Wort Gottes kennen und anerkennen. Das können und sollen wir glauben. Daran müssen wir nicht zweifeln.

Manche puzzeln Bibelstellen falsch zusammen, so dass eine einseitige und damit falsche Lehre herauskommt, deshalb Vorsicht! Nicht jeder, der seine Meinung mit einer Bibelstelle untermauern kann, hat damit auch Recht! Wir haben gesehen, dass man mit Bibelstellen belegen kann, dass Gott durch Krankheit straft. Jetzt bei allen Kranken zu meinen, dass sie von Gott gestraft werden, ist aber einseitig und damit irreführend, wie wir ebenfalls gesehen haben. Es gibt viele verschiedene Wahrheiten und Möglichkeiten und der einseitige pauschale Glaube kann in die Irre führen. Menschen sagten mir, dass sie auf X Heilungsveranstaltungen waren, und überall hat man ihnen Heilung versprochen, Heilung prophezeit und Heilung manifestiert, und es wurde nie was! Aus Täuschung kommt immer Enttäuschung.

Deshalb ist es wichtig immer wieder die Bibel zu lesen um auch weitere, größere und tiefere Zusammenhänge zu verstehen! Wer nur die eine Bibelstelle kennt, wo Jesus alle heilte, der kann beweisen, dass Jesus alle heilt, oder? Aber so ist es eben nicht. Es ist nicht nur wichtig, dass wir glauben, sondern auch WAS wir glauben!

Starker Glaube kommt nicht durch Anstrengung und Hineinsteigern in „Illusionen"! Sondern: Ein starker Glaube kommt dadurch, dass wir Gott und sein Wort besser kennen lernen, dass wir wissen, was richtig und falsch ist, Zusammenhänge erkennen, dass wir unterscheiden lernen, dass wir Vertrauen und Gehorsam lernen und die Erfahrung machen, dass es sich lohnt Gott zu gehorchen! So wird der Glaube wieder eine einfache Sache. Man glaubt einfach, weil es einfach wahr ist. So einfach ist das.

Das Wichtigste beim Glauben ist die Wahrheit und nicht das Hineinpressen von Willen und Emotion in den Glauben.

Es kostet mich null Anstrengung zu glauben, dass es bei + 40 Grad warm ist! Es ist wahr und davon bringt mich keiner ab! Mich wird auch keiner davon abbringen, dass ich einfach glaube, dass Licht hell ist! Du kannst tun und lassen was du willst, hier ist mein Glaube stark, weil es wahr ist! Es kostet mich auch wirklich wenig Kraft zu glauben, dass ich der Kornelius Novak bin. Wie viel Anstrengung kostet mich dieser Glaube? Gar keine! Einfach weil es wahr ist und ich daran festhalte, egal, was andere denken.

Echter Glaube kostet uns keine Anstrengung, weil der Glaube in der Wahrheit ruht!

Aber Kleinglaube und Zweifel sind schnell parat, wenn wir nicht recht wissen, was die Wahrheit ist, oder wenn wir die Wahrheit gegen andere Eindrücke eintauschen. Solange Petrus auf Jesus sah, konnte er auf dem Wasser gehen! Aber als er auf die Wellen schaute, ließ er andere Gedanken zu, und so wurde sein Glaube in seiner Ruhe gestört und er zweifelte! So kam sein Glaube aus der Wahrheit heraus, in der er ruhte, und damit sank er.

Es ist anstrengend zu zweifeln. Es ist wahnsinnig anstrengend einen Kleinglauben zu haben, weil man immer wieder hin und her überlegen muss, weil man hinten und vorne nicht weiß, was man glauben soll, oder weil man sich anstrengen muss, nicht das zu glauben, was einem deutlich in der Bibel gesagt wird, weil man seinen Kopf und sein Gewissen verdrehen muss, damit man das glauben kann, was man glauben will. Und nicht zuletzt, weil man alle Kilometer zurückgehen muss, die man vielleicht im falschen Glauben gegangen ist. Viele Menschen haben Jahre ihres Lebens mit Dingen vergeudet, weil sie „etwas Falsches geglaubt haben.“ Das ist anstrengend! Der Kleinglaube, der Unglaube und die Zweifel kosten eine gewaltige Anstrengung. Viele haben sich ihr Leben lang sehr angestrengt die Wahrheit zu ignorieren, die sich immer wieder ihrem Wissen und Gewissen aufdrängen will, und die man immer wieder durch harte Arbeit wegschieben musste. Aber der echte biblische Glaube, der starke Glaube kostet keine Anstrengung. Er ruht in der Wahrheit.

Genauso ist es auch mit dem Glauben zur Rettung! Wie hat man sich gesorgt und gegrübelt und gesucht und wie hat man sich angestrengt irgendwie vor Gott gerecht zu werden! Man ist hier hin und dort hin, und alles was man tat, das tat man mit der Hoffnung, dadurch gerettet zu werden. Aber man bekam keine Gewissheit und keinen Frieden dadurch. Das war harte Arbeit, und man kam dem Ziel nicht näher. Aber rettender Glaube kam in der Wahrheit zur Ruhe! Jesus starb für mich, um mich zu retten! Starker Glaube kam in der persönlichen Beziehung zu Jesus zur Ruhe! Seitdem leben wir in seinem Frieden! Und diesen Frieden dürfen wir beim Thema Krankheit und Heilung auch haben und nicht verlieren!

Also lass uns erst mal festhalten: Starker Glaube ruht in der Wahrheit! Jesus ist die Wahrheit! Starker Glaube ruht in der Beziehung zu Jesus Christus! Starker Glaube ruht!

Wir werden unser Leben lang dazulernen, wenn wir die richtige Einstellung haben. Es kann durchaus sein, dass wir z.B. gerettet sind und das richtig glauben, und unser Glaube ruht. Aber bei anderen Punkten kommen wir nicht „zur Ruhe“, weil wir verunsichert sind. Es kann nicht anders sein! Es gibt einige biblische Themen, da weiß ich auch nicht so recht, was ich glauben soll, weil ich mich nicht gründlich damit befasst habe. Unser Wissen ist Stückwerk (1Kor 13,9) sagt Paulus und er hat Recht! Deshalb brauchen wir diese Einstellung, ohne die ein Christenleben nicht möglich ist: ***„Nicht, dass ich's schon ergriffen habe oder schon vollkommen sei; ich jage ihm aber nach, ob ich's wohl ergreifen könnte, weil ich von Christus Jesus ergriffen bin. Meine Brüder, ich schätze mich selbst noch nicht so ein, dass ich's ergriffen habe. Eins aber sage ich: Ich vergesse, was dahinten ist, und strecke mich aus nach dem, was da vorne ist, und jage nach dem vorgesteckten Ziel, dem Siegespreis der himmlischen Berufung Gottes in Christus Jesus.“*** Philipper 3,12-14

Auch hier sagt Paulus, dass er nicht alles erreicht hat, dass er nicht alles weiß, oder sich einbildet auf einem unverbesserlichen heiligen Level zu sein! In diesen Dingen bildet sich Paulus nicht ein, dass er vollkommen ist!

Aber in einer Sache ist er vollkommen: In der Einstellung! Er will mehr! Er ist von Jesus ergriffen und streckt sich nach mehr aus! Diese vollkommene Einstellung müssen wir haben!

Paulus sagt es deutlich, dass es in der Gemeinde nicht das Wichtigste ist, dass alle korrekt das Gleiche zu allem wissen und glauben. Er erwähnt es deutlich, dass manche in verschiedenen Dingen anders denken! Oh! Das könnte manchem Leser nicht schmecken, was hier steht! Aber denk doch nach! Es kann doch nicht anders sein! Wie kann ein frisch bekehrter Mensch, der das erste Mal die Bibel liest, alles genau so begreifen, verstehen, einordnen, glauben und anwenden, wie einer, der seit 50 Jahren mit dieser Einstellung des Paulus lebt?! Jeder Mensch kann noch dazulernen! Paulus schreibt diese Worte nicht, weil er meint, dass jeder glauben soll, was er will, sondern weil es die Realität ist, dass Menschen in den Gemeinden ein unterschiedliches Wissensniveau haben. Wo das nicht beachtet wird, da sitzen die „Alteingesessenen“ in der dritten Generation und wissen „alles“ und wenn ein Neuer dazukommt, dann erwarten sie von ihm innerhalb von drei Wochen, dass er heiliger ist, als sie es je waren! Aber wir können andere nicht zuerst nach ihrem „Wissen“ beurteilen, sondern nach ihrer Einstellung Gott gegenüber. Und diese Einstellung, von der Paulus hier spricht, lassen viele Alteingesessene sehr vermissen. Das können sie durch all ihr Wissen nicht ersetzen, was sie leider oft nicht begreifen! Gerade deshalb ist es Paulus so wichtig, dass wir diese Einstellung haben und bewahren. Denn nur so kann uns Gott Neues im Wort offenbaren, sonst werden wir mit einseitigem Bibelwissen in der Gefahr sein, uns und andere zu täuschen!

Zu dieser Einstellung gehört die Liebe zu Gott, dem Wissen, dass man immer und jeden Tag „mehr“ von Gott braucht, die Überzeugung, dass Gott jeden Tag Neues offenbaren kann und uns in seine Werke integrieren will! Darin sind wir immer von Gott abhängig und wieder ist diese Einstellung von Nöten! Ohne diese Einstellung mehr von Gott zu suchen, können wir unser Glaubensleben vergessen. Dann gleicht unser Wissen einer Nobelkarosse ohne Motor. Damit kommen wir keinen Meter weit. So ein Glaube ist völlig wertlos, weil man mit allem Wissen nur Traditionen fortsetzt, herumsitzt, pauschale Wahrheiten diskutiert, ohne sie zu erleben.

Wir werden unser Leben lang dazulernen können. Es wird ein Leben lang so bleiben. Dazu brauchen wir täglich Gottes Leitung und seine Weisheit. Wie soll ich den behandeln? Was soll ich dem sagen? Wie soll ich in dieser Situation vorgehen? Ständig brauchen wir mehr! Es gibt Dinge, bei denen unser Glaube ruht und es gibt Dinge, über die wir noch nicht so genau Bescheid wissen. An diesen Punkten sind wir natürlich verunsichert. Gottes Geist führt uns zu Jesus und von ihm aus in die Wahrheit! Immer weiter, immer tiefer, und je mehr wir in der Wahrheit leben, desto stärker ruhen wir im Glauben, weil wir uns nicht mehr von allen verschiedenen Meinungen und Situationen aus der Ruhe bringen lassen!

Hier ist ja die große Gefahr. **Wenn Menschen das Falsche glauben, kommen sie aus der Täuschung in die Enttäuschung.** Wie die Frau, die ihr Leben lang Gott bekannte und plötzlich krank wird und glaubt, dass sie auf jeden Fall geheilt wird. Aber sie wurde nicht geheilt. Sie glaubte Richtiges, was Jesus und die Rettung anbelangt und war deshalb im Frieden Gottes. Aber plötzlich ist sie krank und wird nicht geheilt, obwohl ihr das alle prophezeien. Hier geschieht der Fehler! Sie glaubt richtig zur Rettung, aber sie glaubt Falsches zum Thema Heilung. Anfänglich ist sie noch ruhig, was ihre Rettung anbelangt, aber jetzt kommt der nächste Punkt: Sie versucht „stärker" zu glauben und dies auf falsche Art und Weise! Statt durch das Lesen der Bibel, oder durch die Hilfe anderer die Wahrheit zu diesem Thema zu erfahren, versucht sie ihre Willensstärke in den Glauben zu pressen und das ist ein Turbo hin zur Verzweiflung. Sie sieht ja, dass es nichts bringt und deshalb ist es folgerichtig, dass sie zweifelt! Natürlich muss sie zweifeln! Aber hier geschieht der nächste Fehler: Statt an ihrer falschen Theologie der Heilung zu zweifeln, zweifelt sie an ihrem Glauben und versucht noch mehr zu glauben! Aber das ist eine Sackgasse. Dann sagt einem die Logik (oder Satan):

„Halt mal! Denk doch nach! Wenn du da nicht richtig „glaubst" wer sagt denn, dass du zur Rettung richtig glaubst? Vielleicht hast du dich dein Leben lang getäuscht und du bist gar nicht gerettet!"

Und dann verliert diese Frau völlig alle Ruhe und verzweifelt. Hier sind viele Fehler! Erst glaubt man an einem Punkt das Falsche, dann versucht man den Glauben durch Willensstärke zu stärken, anstatt seine „Theologie" zu überprüfen und in Frage zu stellen. Dann passiert der Fehler, dass man auf den eigenen Glauben sieht, anstatt auf die Wahrheit des Wortes. Da angekommen, steigert man sich in seinen Glauben hinein, anstatt die Wahrheit zu erkennen und darin zu ruhen.

Manche haben trotz ihres Glaubens, die ersehnte Heilung nicht erlebt und statt ihre Theologie der Heilung zu überprüfen, verwerfen sie den Glauben an Gott! Sie denken: Ich habe an Heilung geglaubt, aber es hat nicht funktioniert, also ist das der Beweis dafür, dass es keinen Gott gibt. Dann sind sie fertig mit dem Thema. Aber auch hier ist ein fataler Fehler! Ja, sie haben geglaubt, aber sie haben das Falsche geglaubt – und nun glauben sie noch falscher!

Wir haben ja bereits einige Dinge behandelt, die wir glauben können. Vielleicht dachtest du bisher, dass Jesus heute nicht mehr heilt und jetzt ist dein Glauben dafür geweckt, dass Jesus auch heute noch heilt. Vielleicht dachtest du bisher, dass die göttliche Heilung das Wichtigste ist und meintest, dass es der Höhepunkt deines Dienstes sei, wenn Leute geheilt werden. Aber nun siehst du die Sache anders und verstehst, wie wichtig es ist, ihnen das Evangelium zu erklären. Vielleicht sahst du in einer Krankheit bisher nur eine Strafe Gottes und nun bist du sensibilisiert für die Tatsache, dass es Gottes Bewahrung vor Schlimmerem sein könnte, oder ein Heilmittel für eine wichtigere

Sache! Wir haben ja einige Punkte behandelt, die Gott unserem Glauben anbietet.

Ich bin sicher, dass dieser Punkt viele aufatmen lässt, dass starker Glaube nicht mit Willensanstrengungen zusammenhängt, sondern dass der starke Glaube in der Wahrheit ruht und aus dieser Ruhe die Kraft hat zu handeln! Es gibt sehr viele Dinge, die wir wissen sollten und glauben müssen, damit wir bei dem Thema nicht in die Irre gehen.

Wir sehen ja bereits bei Jesus, dass mit Heilungen nicht alle Probleme gelöst sind. Es kann verschiedene Probleme geben: Wie soll man eine Heilung interpretieren? Waren es Kräfte, oder Engel, oder Baal, oder Jesus oder Satan? Oder war es Medizin oder Zufall? Und selbst wenn man eine Heilung erlebt hat, kann man damit in die volle Katastrophe kommen. Wie der Blindgeborene, den sie nach der Heilung aus der Ortsgemeinschaft ausgeschlossen haben. (Johannes 9) Für den bricht die ganze Welt zusammen, aber Jesus hilft ihm! Oder Lazarus. Er wurde von den Toten auferweckt und muss mit Schrecken feststellen, dass man ihn nun umbringen will... **Wir sehen, dass es beim Thema „Heilung" nicht nur um Heilung geht, sondern die Sache ist um einiges komplexer und Gott will, dass wir diesen Schwierigkeiten gewachsen sind!** Oft sind die Interpretationen und Ratschläge der Christen beim Thema Heilung nicht hilfreich, sondern machen alles nur schlimmer. Das einseitige pauschale Denken ist falsch und gefährlich. Die einen sagen: „Du musst nur glauben, Gott heilt alle jetzt und hier" und die anderen würden jedem pauschal mit gesunder Ernährung kommen, was genauso fahrlässig ist. Stell dir vor, der Handwerker würde nur mit einem Hammer zu dir kommen und würde damit versuchen Schrauben reinzuschlagen! Du würdest ihn wegschicken. Der nächste kommt nur mit einem Schraubenzieher und hämmert damit auf Nägeln herum?! Ja, sind die denn alle verrückt? Jeder gute Handwerker hat eine Werkzeugkiste und weiß, welches Werkzeug er für welche Arbeit braucht! Und diesen vielseitigen Werkzeugkasten sollten wir parat haben, wenn wir kranken Menschen begegnen. Am allerwichtigsten: Die Beziehung zu Jesus muss in Ordnung sein.

In Markus 6,52 steht, dass Jesus wenig Wunder wirken konnte, und dass er sich über den Unglauben der Menschen verwunderte. Immer wieder fragte Jesus die Menschen nach ihrem Glauben. Es ist die Rede von Kleinglauben, von Unglauben, von großem und starkem Glauben, da könnte man schon meinen, dass es hier um eine unterschiedliche Glaubensenergie geht. Aber dem ist nicht so. Kleinglaube bedeutet einfach, dass das Vertrauen in Gottes Wohlwollen und Handeln gering ist, weil man vielleicht wenig über Gott weiß, und dazu vieles falsch versteht. Dann könnte ein Mensch denken: „Gott hat früher vielleicht geheilt, aber heute nicht mehr, sonst würde ich das ja mehr in der Zeitung lesen. Und selbst wenn es so ist, dann heilt er sicher nicht mich, denn ich bin ja ein Nichts. Ich brauch mich gar nicht bei Jesus melden."

Unglaube ist wiederum etwas anderes. Ich habe einmal eine Geschichte erlebt, die schon krass war. Vor mir saß ein Mitglied eines kriminellen Motorradclubs, der aber eine eigenartige Biographie hatte. Er hatte Respekt vor mir, weil seine Oma auch gläubig war, und er sagte nicht, dass er nicht an Gott glaubt, sondern er drückte sich so aus, dass er „einen anderen Weg gewählt hat." Er hatte einen schweren Motorradunfall gehabt und sein Handgelenk war kaputt. Mehrere Operationen, keine Besserung. Immer Schmerzen. Als er vor mir saß, sagte er, dass die Ärzte das Gelenk steif legen wollen... Ich hatte auf dem Herzen, für ihn zu beten. Ich war mir sicher, dass Gott ihn heilen will, auch um ihm die Augen zu öffnen für ein neues Leben mit Gott! Als ich ihn fragte, ob ich für ihn beten darf, da geschah das Unerwartete! Er zog ruckartig seine Hand zurück! Ich konnte es nicht fassen und sagte ihm: „Damit beweist du, dass du an Gott glaubst. Du weißt genau, dass Gott dich heilen will, aber du willst nicht, weil du genau weißt, dass das Konsequenzen für dein Leben hätte! Wie verrückt ist das? Du willst lieber eine kaputte Hand behalten und in Sünde weiterleben, als dass du dich heilen lässt und ein neues Leben beginnst?" Er sagte kein Wort mehr. Er wusste genau, dass Gott ihn heilen kann und will. Aber er wollte nicht! Es gibt so viele verschiedene Gründe, warum Menschen nicht zu Jesus kommen und auch damals kamen viele nicht zu Jesus. Manche beachteten ihn vielleicht gar nicht, weil sie es nicht besser wussten, aber es gab auch solche, die nicht wollten, wie mein Bekannter. Egal wie: Jesus verwunderte sich über ihren Unglauben und konnte dort nur wenig tun.

Es ist nicht so, dass Menschen zu Jesus kamen und von ihm geheilt werden wollten und einer nach dem anderen gab auf, weil er nicht genug „Kraft in seinen Glauben pumpen konnte." Sondern es ist schlicht und ergreifend so gewesen, dass die Menschen dort nichts von Jesus erwarteten. Sie sahen in ihm nichts Besonderes. Sie kamen erst gar nicht zu ihm, weil sie ihm nichts zutrauten und deshalb auch nichts erwarteten. Sie erkannten die göttliche Sendung Jesu nicht an und begegneten ihm ablehnend. Oder wie mein Bekannter, der Jesus alles zutraut, aber nicht will! Folglich konnte Jesus dort auch wenig tun. Aber es ist nicht so, dass es den Menschen an „Glaubensenergie“ fehlte. Mancher kam zu Jesus und war sich nicht sicher, ob Jesus auch ihm helfen würde. Er war sich nicht sicher, ob alle Gerüchte, die er über Jesus gehört hatte richtig sind. Vermutlich hat er auch viele falsche Gerüchte gehört, denn eines der gewaltigsten Probleme, die Jesus hatte, war die Tatsache, dass Menschen falsche Vorstellungen von ihm und seiner Mission hatten und die auch weiter gaben! Deshalb kam dieser Mann zu Jesus und sagte: ***„Ich glaube, hilf meinem Unglauben!“***

Er war hin und her gerissen, aber er suchte Hilfe bei Jesus! Er blieb nicht zuhause! Auch hier sehen wir, dass Glaube nicht bedeutet, sich in etwas hineinzusteigern. Ich habe es vielerorts erlebt, dass Menschen versuchen ihren „Glauben“ darin zu puschen, indem sie sich emotional hineinsteigern, auch durch Musik und Tanz, manche habe ich springen und schreien und brüllen gehört… Das ist völlig falsch! Starker Glaube ruht in der Wahrheit.

Kapitel 32

Der magische und richtige Gebrauch des Namens Jesus

Ein wichtiges Element bei der Magie ist das Sprechen von Formeln. Schon als Kinder haben wir von den „Zauberformeln" in Märchen gehört. Wenn man die richtigen Worte ausspricht, dann geschieht das Wunder! Und genau in diesem Sinne gebrauchen viele Menschen den Namen Jesu. Jesus sagte: ***„Was ihr bitten werdet in meinem Namen, das will ich tun."*** Johannes 14,12-14

Manche verstehen nicht, wovon Jesus hier wirklich spricht. Sie verstehen diese Aussage Jesu „magisch." Sie meinen, dass sie durch das Ausrufen des Namen Jesu alles bekommen können, was sie wollen. In einer „Gemeinde", wo ich anwesend war, rief der Pastor alle Geschäftsleute nach vorne und dann riefen sie gemeinsam: „Kunden kommt im Namen Jesu! Kunden kommt im Namen Jesu!" Ein anderer wollte ein neues Motorrad und bat uns darum uns um einen Tisch zu setzen, wo er ein Bild von der Maschine hatte und dann riefen sie gemeinsam: „Motorrad komm in Jesu Namen!"

Es ist offensichtlich, dass hier der Name Jesu magisch eingesetzt wird, damit eigene Wünsche in Erfüllung gehen.

Aber Jesus meint etwas ganz anderes. Was heißt im Namen Jesu beten? Ich will euch ein Beispiel geben. Ein Freund von mir hat eine kleine Firma. Er sagte mir, dass ich zum Baumarkt gehen soll und dort kann ich mir auf seine Rechnung Holz kaufen, damit ich für mein Auto einen Kasten für meine Hunde bauen kann. Also ging ich zum Baumarkt, nahm was ich für den Holzkasten brauchte und ging damit zur Kasse. Dort sagte ich einfach, dass ich im Namen von Firma C hier bin.

Routine. Die Kassierin schaute auf einige Papiere, denn die Firma war dort bekannt. Alles ging gut. Ich musste nicht zahlen und bekam, was ich brauchte. Ich habe im Namen der Firma eingekauft, so einfach ist das. Aber stell dir vor, ich hätte an der Kasse angefangen zu rufen: „Gib mir die Ware in C Namen! Gib mir das Holz in C Namen! Ich manifestiere die Bretter und Schrauben in C Namen! ... Müsste ich mich wundern, wenn die Polizei oder der Krankenwagen gerufen wird?! Viele Menschen haben hier etwas völlig falsch verstanden!

Im Namen Jesu beten heißt, dass wir in Harmonie mit Jesu Willen beten sollen! Mein Freund erlaubte mir Holz für den Hundekasten zu kaufen und nicht eine neue Kreissäge, Bohrmaschinen, Zementmischer,... Es wäre nicht recht gewesen diese Dinge zu kaufen, weil das nicht das war, was mein Freund mir bezahlen wollte! Ich durfte nur das in seinem Namen holen, was sein Wille war. Wir müssen lernen in Harmonie mit Gottes Willen zu leben und in Harmonie mit Gottes Willen zu beten. Darum geht es. Und nicht darum, dass wir herumhüpfen und uns in Trance brüllen mit „In Jesu Namen!“ Ich habe unglaubliche Dinge erlebt und bei manchen solcher Aktionen musste ich an die Baalspriester bei Elia denken, die um das Opfer herumgehüpft sind, gerufen und gebrüllt haben. Genau wie es da beschrieben wird, habe ich Menschen um die Kranken springen sehen und „In Jesu Namen“ rufen hören. Dann haben sie gefragt: „Ist es jetzt besser? Nein? Dann müssen wir noch mehr beten!“ Und weiter ging es... „IN JESU NAMEN! IN JESU NAMEN!“ Der absolute Wahnsinn. Ist doch kein Wunder, dass hier jeder irgendwann sagt: „Jetzt ist es besser. Ich bin geheilt!“ Sonst hören die ja nicht auf zu brüllen und zu schreien! Ich habe mehrere Male erlebt, was das für eine erbärmliche Heuchelei ist. Einmal haben sie für einen Mann gebetet, der sich am Fuß verletzt hatte, haben im Namen Jesu herumgeschrien und dann gefragt, ob es besser sei. Er fühlte an sein Bein und schüttelte beschämt den Kopf. Sie sagten ihm, dass er mehr glauben soll und brüllten im Namen Jesu noch lauter. Dann fragten sie, ob es jetzt besser sei... Was soll der arme Kerl sagen? Soll er jetzt zeigen, dass er wieder nicht stark genug geglaubt hat? Soll das Gebrülle so weitergehen? Ich habe Leute erlebt, die durch das Gebrüll ohnmächtig geworden sind! Wer in solch einem „Umfeld“ lebt, der weiß was passiert, wenn er nicht augenblicklich „geheilt“ ist. Dieser Mann mit dem verletzten Fuß sagte dann: „Jetzt ist es besser.“ Die Gruppe löste sich auf und der skeptische Kornelius beobachtete den „Geheilten.“ Er stand auf, ging ohne zu hinken um die Ecke und dann humpelte er fluchend davon! Super. Wieder so ein Geheilter. Ich glaube, dass die Dämonen sich über so etwas kaputtlachen, während die Engel des Himmels vor Traurigkeit weinen.

Hier ist ganz einfach eine heidnische magische Praxis in das moderne Christentum eingeflossen. Manche gebrauchen dann noch die „Zungenrede“ wie eine Art Zaubersprache, mit der die Wirkung noch verstärkt werden soll... Das sind magische Vorstellungen. Solche Vorgehensweisen sind der Bibel völlig fremd und kommen von heidnischen Einflüssen. Es gibt keine berichtete Begebenheit in der Bibel, wo Jesus oder die Apostel auf einen Kranken eindringen und mit Zungenreden oder mit Jesu Namenswiederholungen Heilung „manifestieren“, wie ich das oft erlebt habe.

Hast du jemals in der Bibel gelesen, dass Jesus um Kranke herumgehüpft ist und irgendwelche Worte wiederholt hat? Oder hat einer der Apostel das gemacht? Siehst du Paulus „Im Namen Jesu“ herumspringen und rufen? Nein! Im Namen Jesu heißt: Im Auftrag Jesu! In der Autorität Gottes, wie Jesus! An Stelle von Jesus! In Harmonie mit Jesus! Integriert in Gottes Plan! Schau mal, wie einfach das ist. Lies dir einmal bitte diese folgende Begebenheit aufmerksam durch.

„Es war aber ein Jünger in Damaskus mit Namen Hananias; dem erschien der Herr und sprach: Hananias! Und er sprach: Hier bin ich, Herr. Der Herr sprach zu ihm: Steh auf und geh in die Straße, die die Gerade heißt, und frage in dem Haus des Judas nach einem Mann mit Namen Saulus von Tarsus. Denn siehe, er betet und hat in einer Erscheinung einen Mann gesehen mit Namen Hananias, der zu ihm hereinkam und die Hand auf ihn legte, damit er wieder sehend werde. Hananias aber antwortete: Herr, ich habe von vielen gehört über diesen Mann, wie viel Böses er deinen Heiligen in Jerusalem angetan hat; und hier hat er Vollmacht von den Hohenpriestern, alle gefangen zu nehmen, die deinen Namen anrufen. Doch der Herr sprach zu ihm: Geh nur hin; denn dieser ist mein auserwähltes Werkzeug, dass er meinen Namen trage vor Heiden und vor Könige und vor das Volk Israel. Ich will ihm zeigen, wie viel er leiden muss um meines Namens willen. Und Hananias ging hin und kam in das Haus und legte die Hände auf ihn und sprach: Lieber Bruder Saul, der Herr hat mich gesandt, Jesus, der dir auf dem Wege hierher erschienen ist, dass du wieder sehend und mit dem Heiligen Geist erfüllt werdest. Und sogleich fiel es von seinen Augen wie Schuppen und er wurde wieder sehend; und er stand auf, ließ sich taufen...“

Apg. 9,10-18

So einfach geht das. Nur wer in Harmonie mit Gott und seinem Willen lebt, kann auch in Harmonie mit Gottes Willen bzw. im Namen Jesu beten. Hananias musste nicht vor Paulus herumhüpfen und laut rufen, sondern er musste betend seine Ängste, Zweifel und Bedenken klären. Dann war er bereit sich in Gottes Plan integrieren zu lassen, und so erlebte er ganz einfach Gottes wunderbare Fähigkeiten und Möglichkeiten. Auch Elia musste nicht herumhüpfen wie die Götzenpriester, denn er war von Gott in Gottes Plan integriert. So betete er zu Gott, und Gott tat, was er verheißen hat – das Feuer kam. Genauso war es mit dem Regen danach. Elia musste nicht herumhüpfen und Gott überzeugen, sondern in aller Ruhe wartete er betend auf die Erfüllung der Zusage Gottes. Der Regen kam.

Hier sehen wir das Entscheidende: Gott muss uns konkret in eine Situation integrieren und uns zeigen, was wir zu tun haben. Oft müssen dabei unsere Schwierigkeiten oder Bedenken im Gebet ausgeräumt werden, bevor wir im Glauben ruhen können. Aber dann können wir in aller Ruhe tun, was Jesus uns aufgetragen hat. **Hier kommt einer in Jesu Namen zu Paulus! Das ist Vollmacht! Das ist Glaube! Das heißt im Namen Jesu leben und beten!** Hananias musste nicht noch mehr Gläubige versammeln, um die „geistliche Energie“ zu vermehren! Nichts von alledem, was man seit Jahrzehnten immer wieder sieht!

Eine falsche Lehre sagt: „Man muss sich etwas vorstellen und dann glauben, dass man es bekommt!“ Prüfe doch selber: Hat Abraham so gehandelt und sich einen Sohn vorgestellt und dann geglaubt, dass er ihn bekommt? Hat Elia sich das Feuer vorgestellt und dann so fest und stark geglaubt, bis es kam? NEIN! Sondern hier wird ein wesentlicher Teil ignoriert, nämlich GOTT!

Gott hatte einen Plan, eine Absicht, einen Willen. Gott gab Abraham die Verheißung und an dieser Verheißung hielt er im Glauben fest. Ausgangspunkt ist Gottes konkretes Wort und nicht Abrahams Einbildung! **Diese falschen Propheten sagen, dass wir unsere Einbildungen glauben sollen! Das ist der Kern ihrer Botschaft.** Bilde dir den Kunden oder das Motorrad oder die Gesundheit ein und glaube daran. Aber das ist nicht der Glaube, von dem die Bibel spricht, sondern die Irrlehren, vor denen die Bibel warnt. Als Jesus mir sagte, dass ich den Wohnwagen reservieren soll, da hatte ich einen konkreten Auftrag und die Zusage, dass ich am Montag das Geld bekomme. Damit hatte ich einen Grund zu glauben. Aber wie hohl muss ich sein, wenn ich euch allen jetzt sage: „glaubt alle daran, dass ihr kommenden Montag

Geld bekommt und reserviert etwas im Glauben auf Dienstag!" Das wäre verrückt!

Der Fehler wird gemacht, indem man das Thema „Glaube und Heilung" von Gottes konkreter Absicht loslöst und pauschalisiert. Aber so geht das nicht. Wenn Jesus mir konkret sagt, dass er mich heilen will, dann kann ich das auch glauben. Schau, wieso Paulus so felsenfest überzeugt davon war, dass er geheilt werden wird: ***„Der Herr sprach zu ihm: Steh auf und geh in die Straße, die die Gerade heißt, und frage in dem Haus des Judas nach einem Mann mit Namen Saulus von Tarsus. Denn siehe, er betet und hat in einer Erscheinung einen Mann gesehen mit Namen Hananias, der zu ihm hereinkam und die Hand auf ihn legte, damit er wieder sehend werde."*** Apg. 9,11-12

Wenn Gott einem zeigt, dass er geheilt wird, dann kann er das auch glauben. Aber wenn das nicht der Fall ist, dann soll sich der Kranke das bitte nicht einbilden, oder von anderen einreden lassen, sondern eher darauf achten, was Gott wirklich vorhat! Ich möchte dabei auch deutlich vor falschen Eindrücken warnen. Man kann sich selber etwas einbilden, aber auch andere können einem etwas einreden. Viele treten mit einem prophetischen Anspruch auf und verheißen Kranken Heilung, obwohl sie nicht wirklich ein prophetisches Wort von Gott haben, sondern mit einseitigen pauschalen Lehren hantieren. Solche „falschen Propheten" neigen dazu jedem Heilung zu prophezeien, weil sie davon ausgehen, dass Gott alle jetzt und hier heilt, wenn man nur glaubt. Deshalb treten sie auch mit solch einer Sicherheit auf. Vorsicht!

Extrem ausgedrückt kann dieser eingebildete und eingeredete „Glaube an meine Heilung" dann eine völlige Rebellion gegen Gottes eigentlichen Willen mit mir sein. Gott will mir vielleicht etwas zeigen, er will mich durch die Krankheit vielleicht einen neuen Weg führen, aber ich mache dicht und will nur das eine: „Heilung"! Und wenn ich es hier nicht bekomme, dann vielleicht bei dem anderen Redner, oder bei der Konferenz, und manche fliegen von Kontinent zu Kontinent um Heilung bei einem „Redner" zu bekommen! Aber so geht das nicht und man verschließt sich für das, was Gott eigentlich will.

Erinnere dich an den „Pfahl im Fleisch" von Paulus. Dieses Problem wurde nicht einfach durch „Einbilden und Glauben" gelöst. Da wurde nicht herumgehüpft und noch lauter manifestiert. Paulus betete drei Mal und dann merkte er schon, dass Gott wohl andere Pläne und Absichten damit hat. Das machte ihn hellhörig für Gottes Absichten, und so konnte Gott auch zu ihm sprechen. Aber hier ist der entscheidende Punkt! Viele halten das nicht aus. Sie können sich nicht Gott hingeben wie Paulus. Nein. Sie wollen um jeden Preis in bessere Verhältnisse kommen. Sie können an Gott „glauben“, so lange es ihnen gut geht, aber wehe sie werden krank. Dann offenbart sich ihre wirkliche Einstellung. Vom Frieden und Vertrauen in Gott keine Spur. Sie zweifeln, sie hadern, sie klagen Gott an, rennen von einem zum anderen... Wenn sie zu einem klaren Gedanken kommen, dann sollten sie einsehen, dass ihr Glaube bisher nicht der Rede wert war. Vielleicht merken sie in ihrer Situation, wie es wirklich um sie steht, und diese Krankheit wird ihnen zum Segen, wenn sie sich wirklich Gott unterwerfen und ihr Leben ändern.

Ich lebte eine Zeit lang als Dauercamper auf einem Campingplatz. Eines Tages hörte ich in einiger Entfernung starkes Husten, immer wieder. Als ich irgendwann auf dem Weg zur Toilette war, kam ich an dem Wohnwagen vorbei, aus dem das Husten kam. Der gehörte einem Ehepaar, die Zeugen Jehovas waren. Ich hatte einige Male mit ihnen über den Glauben gesprochen, und sie waren sehr freundlich und auch noch nicht lange bei den Zeugen Jehovas. Sie waren sehr offen und fragend und nicht in allen Punkten festgefahren, wie manche andere. Ich hatte ihnen einige Bücher von mir über Glaubensfragen geschenkt, aber ich glaube nicht, dass sie diese gelesen hatten. Auf jeden Fall stand der Mann vor dem Wohnwagen und teilte mir besorgt mit, dass seine Frau krank ist. Es ging ihr anscheinend wirklich schlecht. Sie waren auch schon beim Arzt gewesen, aber es wurde schlimmer. Nun überlegte er, ob sie ins Krankenhaus fahren sollten. Ich hatte augenblicklich auf dem Herzen, für die Frau zu beten. Was aber erschreckend für mich war, das war die Tatsache, dass mich Gottes Geist an die Bibelstelle erinnerte, wo Jesus dem Fieber der Schwiegermutter befahl, und sie so geheilt wurde. Ich hatte auf dem Herzen das Gleiche zu tun. Aber konnte man das machen? Ich ging erst einmal auf die Toilette und betete. Aber mir war klar, was zu tun war. So holte ich meine Bibel und ging wieder zu den Zeugen Jehovas. Ich fragte den Mann, ob ich das tun dürfe, was Jesus getan hatte. Er nahm seine Bibel und vergewisserte sich, dass dies auch in ihrer Übersetzung so steht, und es stand genauso da. Also hatte er nichts dagegen. Wir standen vor dem Wohnwagen, seine Frau war drinnen. Ich betete also: „Herr Jesus, ich maße mir nicht an, irgendjemanden heilen zu können, aber ich glaube, dass du alle Gewalt im Himmel und auf Erden hast, darum bin ich hier und vertraue auf dich. Ich bete, dass du dich in dieser Situation als der alleinige Herr und Gott offenbarst, zu deiner Ehre. Und in deiner Autorität und in deinem Auftrag befehle ich der Krankheit, dass sie die Frau verlässt. Ich befehle dir, Krankheit, dass du den Wohnwagen verlässt."

Dann ging ich meines Weges. Ich hörte kein Husten mehr. Am Abend musste ich wieder raus. Da standen beide vor dem Wohnwagen und es ging ihr gut! Ich habe nicht mehr viel mit ihnen reden können, weil wir dann umgezogen sind. Aber ich denke, dass sie deutlich verstanden haben, was ich gebetet habe, in welchem Namen sie geheilt worden ist und wer der wahre Gott ist. Vielleicht war das eine Ermutigung für sie die Bücher zu lesen? Ich weiß es nicht. Aber Gott wird ihnen weiterhelfen, solange sie offen sind für die Wahrheit.

Hier wird ein extrem wichtiger Punkt deutlich: **Oft bitten wir Gott um Heilung, aber es könnte sein, dass Gott uns bittet in seiner Autorität zu handeln!** Das sind zwei verschiedene Dinge. Stell dir vor, eine Mutter würde ihrem Kind sagen, dass es das Zimmer aufräumen soll und das Kind würde erwidern: „Nein, mach du das bitte." Das wäre wohl Rebellion, oder? Aber genau das Gleiche geschieht oft in Bezug auf Gott und uns! Gott könnte uns bitten etwas zu tun und wir beten dann: „Gott! Mach du das!" Es klingt oft geistlich, wenn Menschen Gott bitten, aber nicht immer ist es geistlich! Es könnte tatsächlich eine Verweigerung von konkretem Gehorsam sein. Nun muss ich aber hinzufügen, dass dies vermutlich wenigen bewusst ist. Aber das muss uns bewusst werden. Viele beten zu Gott um Heilung, aber sie rechnen gar nicht damit, dass Gott zu ihnen reden könnte. Entweder indem Gott sagt: „Steh von deinem Bett auf und sei gesund!" oder: „Gehe zu einem anderen und tue dies oder das." Wir neigen eher dazu im Bett liegen zu bleiben und zu denken: „Ich soll aufstehen? Das werde ich gerne tun, wenn ich gesund bin! Aber genau das ist mein Problem! Also warte ich bis ich gesund bin." Aber den Punkt habe ich bereits angesprochen. Da können wir liegen, bis wir tot sind. Wenn Gott sagt, dass wir aufstehen sollen, dann wird die Krankheit nicht vor dem Aufstehen weichen. Und wenn Gott uns aufträgt, wie in meinem Fall, einer Krankheit zu gebieten, dann wird nichts anderes helfen. Ich habe das einige Male so erlebt, aber in solchen Fällen bete ich immer so, indem ich Jesus für seine Liebe danke und mache im Gebet für mich und alle Anwesenden klar, dass ich nichts von mir erwarte, sondern alleine von dem anwesenden Herrn Jesus. Wenn klar ist, dass es hier um Gottes Macht, Gottes Liebe und um Gottes Ehre geht, dann erst befehle ich der Krankheit in der Autorität Jesu und überlasse es dann Gott, was er tut. Ich brauche weder laut zu werden, noch muss ich mich emotional in etwas hineinsteigern, und ich brauche auch kein Wort zu wiederholen. Ich ruhe einfach in der Wahrheit. Die Autorität zeigt sich ja nicht in meinem „Auftreten", sondern in der Beauftragung Jesu. Wenn die nicht da ist, dann hilft alles nichts. Es ist Gottes Sache und er wird tun, was er sich vorgenommen hat. Da brauche ich keinen Aufstand machen. Ich habe verglichen an der Menge von Kranken, denen ich begegnet bin, relativ selten erlebt, dass Gott mich so, wie in diesem Fall, zum Heilen beauftragt hat. Aber in diesen konkreten Fällen, wo ich das deutlich wusste, was Gott beabsichtigt, ist die Heilung immer eingetroffen, und zwar unmittelbar. Um ehrlich zu sein, habe ich mich bei diesen Gelegenheiten auch nie gewundert, dass die Menschen geheilt worden sind. Viel mehr Probleme habe ich in den Situationen, wo ich mit anderen mitleide und eben nicht auf dem Herzen habe, für sie in Gottes Autorität zu beten! Oft haben wir uns dann im Gebet versammelt und Gott um Heilung gebeten, und es kann gut sein, dass manche von ihnen früher oder später geheilt worden sind. Aber wie Gott das weitergeführt hat, weiß ich meistens nicht. Dann muss man vertrauen lernen, hören lernen, eventuell hat Gott etwas anderes vor, wie ich bereits aufgezeigt habe.

Kapitel 33

Der Heiler

Ich will noch auf einen Punkt hinweisen. In der Bibel sind verschiedene Geistesgaben beschrieben. Grundsätzlich kann man sagen, dass es sie alle gibt, und grundsätzlich kann man auch sagen, dass sie nur in konkreter Abhängigkeit zu Gottes Geist in Funktion sind. Es ist z.B. nicht so, dass ein Mensch mit einer prophetischen Gabe alles über jeden Menschen wissen kann, was er nur will, und wann er es will. Es ist nicht so, dass in einem „Prophet" eine geistliche Funktion ist, die immer und überall funktioniert, wenn der Prophet es will! Johannes der taufende Prophet stand auch vor Jesus und wusste nicht, wie er das einordnen soll, dass er ihn taufen soll! Er hatte eine Botschaft von Gott empfangen und einen damit verbundenen Auftrag und nicht mehr und nicht weniger.

Ein wahrer Prophet Gottes weiß nicht alles, was er will! Nachher schickte dieser Prophet Männer zu Jesus, um ihn zu fragen, ob er der Verheißene ist, oder ob sie auf einen anderen warten sollen. Auch da sehen wir: Ein Prophet Gottes ist nicht in der Lage selber über diese Gabe zu verfügen. Entweder Gott sagt ihm etwas oder nicht! Das sehen wir auch bei anderen Propheten in der Bibel. Ein Prophet sagte David, dass er einen Tempel bauen soll. Danach erst offenbarte Gott ihm seine Absichten, und er musste wieder zu David und seine Aussage korrigieren. David sollte doch nicht den Tempel bauen, sondern erst sein Sohn. Auch da sehen wir, dass ein Prophet eine Meinung haben kann, und dazu die besten Absichten, aber er hat nicht die Fähigkeit in sich, prophezeien zu können. Gott muss ihm Konkretes offenbaren, oder er läuft Gefahr Falsches zu sagen! Und genauso ist es auch bei einem Menschen, der die Gabe der Heilung hat. Dieser Mensch wird von Gott gebraucht Menschen in der Weisheit und Kraft Gottes zu dienen, aber nicht so, dass er über die Kraft zur Heilung verfügt, und nicht so, dass er jedem pauschal Heilung verheißt!

Wie wir gesehen haben, muss Gott auch einen Heiler in seinen Plan integrieren, und der Heiler muss konkret hören lernen. In dem einen Fall will Gott dies, in dem anderen Fall das andere. Ein echter christlicher Heiler verfügt nicht über „geistliche Heilungsenergie." Paulus hatte die Gabe zu heilen, und schaut wie vielfältig er mit Krankheit und Kranken umging. Die einen rief er zur Buße, den anderen ließ er krank zurück, einem anderen empfahl er ein wenig Wein und andere wurden durch Gottes konkretes Eingreifen sofort geheilt. Keine echte Geistesgabe „funktioniert" losgelöst von Gottes konkretem Willen. Wenn ein christlicher Heiler das nicht berücksichtigt, dann mag er sein, was er will, aber er ist kein Heiler, der im Namen Jesu unterwegs ist. Egal wie oft und wie laut er den Namen Jesu ausruft.

Wir müssen uns bewusst machen, dass Jesus vor falschen Propheten und Verführungen gewarnt hat. Wir haben heute leider die Situation, dass heidnische Strömungen in das Christentum eingeflossen sind. Nicht überall wo Jesus drauf steht ist auch Jesus drin. Es ist tatsächlich so, dass viele Menschen mit Vorstellungen leben, die aus dem magischen, esoterischen, okkulten, heidnischen Bereich kommen, kombiniert mit „Glauben und Jesus." Viele von ihnen meinen es gut! Viele wissen es nicht besser! Aber das macht es nicht besser.

Kapitel 34

Einseitige Lehren, Irrtum, Manipulationen & Betrug

Wir haben also festgestellt, dass es verschiedene Ursachen für Krankheiten gibt, aber auch unterschiedliche Absichten Gottes. Ich muss leider sagen, dass ich keinen „Heiler" kennen gelernt oder auf den Bühnen der christlichen Kreise erlebt habe, der dies in irgendeiner Art und Weise beachtet hat. Bei allen, die ich erlebt, angesprochen und sogar zuhause besucht habe, war die feste Überzeugung, dass Jesus heute alle heilt, wenn sie nur glauben. Ich habe es bereits erwähnt, wie es dazu kommen kann, dass man davon überzeugt ist:

- Man lässt Gottes eigentliches Ziel und seine Priorität bei Heilung außer Acht.
- Man liest nur Bibelstellen vor, wo steht, dass Jesus alle geheilt hat (an dem Ort, oder in der Situation).
- Dann liest man die Bibelstellen, dass Jesus derselbe gestern, heute und in alle Ewigkeit ist.
- Dazu wird man von den „Erfolgsberichten" der reisenden und teilweise weltweit bekannten „Heiler" ermutigt, die von hunderten Geheilten auf der letzten Veranstaltung berichten.
- Man macht das nach, was man bei den „großen Heilern" lernt, anstatt sich in der Bibel gründlich zu informieren.
- Man versteht Glaube und den „Namen Jesu" falsch und steigert sich emotional da hinein, dann ist es noch schwerer mit jemandem vernünftig und biblisch zu argumentieren.

So kann man felsenfest von dieser falschen Lehre überzeugt sein. Werden die Menschen hier wirklich geheilt? Nun: Ich möchte hier differenziert und vorsichtig sein und deshalb wird dich meine Antwort eventuell verwundern. Ich kann mir vorstellen, dass Gott sogar Menschen heilt, obwohl auf der Veranstaltung ein falscher Heiler am Werk war. Wie kann das möglich sein? Ganz einfach. Stell dir vor, dass da ein geld- und machtgieriger „Heiler" auf der Bühne steht und seine Show abzieht. Das ist traurig. Aber vielleicht sind da Menschen unter den Zuhörern, die das nicht wissen? Vielleicht ist da einer, der das Evangelium von klein auf kennt, aber auf Abwege geraten ist. Eine der Bibelstellen, die der Betrüger da vorne vorliest trifft ihn im Herzen und er kehrt aufrichtig zu Gott um! Stellen wir uns vor, dass Gott sein Herz sieht und ihn heilt, ... was dann? Dann ist es richtig, dass der Mann wirklich umgekehrt ist, und es ist richtig, dass Gott ihn geheilt hat. Aber wenn Menschen hier nicht richtig unterscheiden können, dann würden sie interpretieren: „Dieser Mann wurde durch den Heiler geheilt, womit bewiesen ist, dass der Heiler ein Mann Gottes ist, und was er tut und sagt, Gottes Wille ist." Vorsicht! So einfach kann man das nicht beurteilen, wenn man Gott und sein Wort kennt. Ich habe bereits darauf hingewiesen, dass man in Wunder integriert sein kann, ohne dass dies ein Beweis für „Geistlichkeit" ist. (Markus 6,52)

Ich habe diesen Fall konstruiert, weil er möglich sein könnte. Ich kann es deshalb stehen lassen, wenn jemand behauptet, dass er hier oder dort geheilt worden ist. Grundsätzlich ist es möglich. Aber wir wollen mal etwas tiefer bohren. Einige weltweit bekannte Heiler haben behauptet, dass man ärztliche Belege für die Heilungen anfordern könne, wenn man einen Beweis will. Kaum einer tut das, doch einer hat es getan! Das Ergebnis war ernüchternd.

Pastor H. Weidemann, Gießen (ideaSpektrum, Leserbriefe zu Nr. 14, S. 19): „In der Zeitschrift R. Bonnkes wurde kurz nach der Feuerkonferenz 1987 versprochen, fortlaufend von Ärzten attestierte Heilungszeugnisse zu veröffentlichen. Als ich nach einem Jahr anmahnte, endlich dieses Versprechen einzulösen, bekam ich zur Antwort, dass das sehr schwierig sei, weil das spontane Heilungszeugnisse in den Großveranstaltungen seien, denen man nicht nachgehen könne. Ich bat in einem weiteren Brief, mir wenigstens eine Person in Deutschland zu nennen, die nachweislich geheilt sei. In der Antwort teilte man mir mit, dass sie von keiner durch Ärzte bescheinigten Heilung in der Bundesrepublik wüssten. ... Ein Bonnke nahestehendes Missionswerk berichtete von einer angeblich wunderbaren und vom Arzt bestätigten Heilung einer jungen Frau. Bei der Bitte um die Adresse wurde ich an Bonnkes Büro verwiesen. Ich bekam die Anschrift dieser Frau und habe trotz dreimaliger schriftlichen Anfrage keine Antwort bekommen."

Eine andere Statistik: Von 350 „Geheilten" ist dies das Ergebnis:

- 39 davon starben innerhalb der nächsten 6 Monate an der angeblich geheilten Krankheit.
- 5 wurden nach der Heilung geisteskrank.
- 301 Personen gaben an, dass sie nach der Heilungsveranstaltung nichts mehr von der „Heilung" hatten, dass die Heilung also nicht eintraf.
- Andere 5 gaben zu Protokoll, dass sie neue psychosomatische Krankheiten dazubekommen haben.

Nicht einer war geheilt worden.

Meine Frage war lange Zeit, wie es denn sein kann, dass so viele Menschen direkt auf den Heilungsveranstaltungen bekennen, dass sie geheilt sind? Irgendwann kam ich dahinter. Zum einen haben wir oft die euphorische Atmosphäre, aufgeladen durch Musik, Klangwellen und andere Effekte. Menschen sind begeistert, emotional geladen. Zum anderen, und das ist weitaus komplizierter, liegt es an der Art „zu glauben." Ich möchte das erklären. Viele verstehen „Glauben" so, dass sie ihren Willen in den Glauben pressen. Sie steigern sich emotional in ihren „Glauben" hinein, was der erste Fehler ist, denn der starke Glaube ruht schlicht und ergreifend in der Wahrheit. Der zweite Punkt: Es ist allgemein bekannt, dass Zweifel das Gegenteil von Glaube ist. In solchen Kreisen wird der Glaube als „emotionale Leistung" verstanden, die der Kranke zu erbringen hat, damit er geheilt wird. Damit kann man Kranke völlig auslaugen, in Verzweiflung und in die Psychiatrie bringen! Menschen meinen dann, dass Jesus heilen will! „Er ist da und will mich heilen! Jetzt liegt es nur daran, dass ich stark genug glaube!" In dieser Situation darf man nicht zweifeln! Ein Zweifel und alles ist umsonst! Also macht man das Gegenteil. Man bekennt seinen Glauben! Man ruft ihn aus! Man manifestiert ihn. Dazu wird einem auch oft gesagt, dass man mit dem Mund bekennen soll, damit es wirkt, usw. Das heißt in der Summe: Der Kranke steigert sich emotional hinein, er darf jetzt nicht zweifeln und bekennt deshalb „seinen Glauben.“ Er könnte ja bereits geheilt sein! Der Redner sagt, dass er geheilt ist! Also ist er geheilt und preist Gott dafür. Leider hat sich dann oft nachher herausgestellt, dass doch keine Heilung geschah.

Bei sichtbaren Erkrankungen oder Behinderungen kann man ja auch gleich feststellen, dass die Heilung noch nicht geschehen ist. Z.B. bei einem Gelähmten. Dann wird einem gesagt: „Du musst nur weiterhin glauben, denn die Heilung wird jetzt verwirklicht und dauert aber noch...“ Was also tun? Nur nicht zweifeln! Weiterglauben! Weiter bekennen! Man sagt ihnen: „Wir leben ja im Glauben und nicht im Schauen! Ihr müsst an der geistlichen Realität festhalten, ihr seid bereits geheilt! Und wenn ihr an der geistlichen Realität festhaltet, dann wird diese geistliche Realität zu der verwirklichten Realität! ...“

Mit dieser Art „zu glauben“ leuchtet es ein, dass man nach jeder Veranstaltung 100% Geheilte hat, auch wenn sichtbar keiner geheilt wurde. So kann der Redner mit gutem Gewissen weiterreisen und behaupten, dass letztes Mal wieder alle geheilt wurden, denn darin zeigt er ja seinen Glauben! Anrufen und nachfragen würde ja bedeuten, dass man zweifelt! Also kategorisch weitermachen! Glauben! Und nicht nachfragen... So entsteht dieses Klima, wie ich es oft angetroffen habe.

Und der „Geheilte“? Der redet sich dann ein, dass er geheilt ist, so lange, wie er es eben schafft. Und wenn die Ernüchterung eingekehrt ist, dann bleibt man mit der Überzeugung: „Es ist meine Schuld, denn ich habe nicht stark genug geglaubt.“

Das ist eine Tragik. Manche meinen es nicht böse, sondern wissen es einfach nicht besser. Denen kann man helfen. Aber leider wollen es manche nicht besser wissen. Ich habe hier traurige Dinge erleben müssen.

Ein norwegischer Bruder, der seit seiner Geburt körperlich behindert war, hat unzählige solche Heilungen von Heilungsevangelisten angekündigt bekommen. Immer wieder falsche Hoffnungen, Täuschungen und dann Enttäuschungen! Alleine in den 2 Monaten, in denen wir in seiner Gemeinde waren, wurde ihm drei Mal Heilung „manifestiert.“ Immer wieder hat man ihm gesagt, dass er geheilt ist, und dass er nur glauben soll... Der eine Heilungsevangelist konnte von so vielen Zeichen und Wundern berichten, fast könnte man meinen, dass diesmal wirklich die Salbung vom Herrn da ist! Oh wie gut, er prophezeit ihm Heilung, und dann kam der Schock. Er hatte noch ein prophetisches

Wort für ihn! Er prophezeite ihm Heilung, und dass seine Eltern ebenfalls gerettet werden ... Das Gesicht des „Geheilten“ verlor jegliche Begeisterung. Seine Eltern waren nämlich seit Jahren tot. Die Show ist wieder mal geplatzt und der Kranke kam enttäuscht nicht mehr in die Gemeinde... Wie viele andere auf der ganzen Welt auch. Wann hat dieses Elend ein Ende? Wohl leider erst wenn Jesus wieder kommt. Vielleicht könnt ihr mit diesem Buch manchen dieser Enttäuschten helfen.

Einige in den christlichen Kreisen gelten auch als „unantastbare Männer Gottes.“ Egal was sie machen, sie werden nicht kritisiert, und wehe du tust es! Dann bist du der Miesepeter, der Schlechtmacher, der Stimmungskiller und der Gesetzliche...

Ein weltweit bekannter deutscher „Prediger“ prophezeite auf einer großen Konferenz, dass bei der nächsten Konferenz die Autos mit Blaulicht aus den Krankenhäusern kommen werden, um die Kranken aus den Intensivstationen zu ihm zu bringen, und dass sie geheilt werden. Das ist aber bei der kommenden Konferenz nicht passiert! Es wagt aber auch niemand, das anzusprechen. Als er Jahre später selber an Krebs erkrankte, ließ er sich heimlich im Krankenhaus behandeln... Aber wehe du machst deinen Mund auf.

Ein Bekannter von mir, der selber ein „Fan“ eines weltweit bekannten Heilungspredigers gewesen ist und sogar in seiner Gemeindebewegung war, besuchte einmal erwartungsvoll eine Heilungskonferenz von ihm in Frankreich. Er kam mit einem Bekannten lange vor der Veranstaltung in die Halle. Gutgläubig und naiv wie er war, dachte er sich überhaupt nichts dabei, als er sah, wie ca. 20 Rollstühle in einen Raum neben der Bühne geschoben wurden. Auch als eine Gruppe mit ca. 20 Leuten nachher in dem Raum verschwanden, klickte es nicht in seinem Kopf! Als er aber nachher sah, dass diese 20 Leute auf die Bühne geschoben wurden, unter gewaltigem Tam Tam „geheilt“ wurden und herumhüpften, da war mein Bekannter plötzlich „geheilt“ - er fiel aus allen emotional aufgebauschten Wolken, denn er hatte diesen Betrug mit eigenen Augen erlebt. Vor einer anderen Veranstaltung machten die Mitarbeiter dieses Heilungsbetrügers einen Kontrollgang mit dem Hausmeister der Halle und waren hocherfreut, dass die Konferenzhalle eine Luftzirkulation hatte. Warme Luft steigt auf und wird dann im oberen Bereich durch Luftbewegungen ausgetauscht. Während der Veranstaltung forderte der Betrüger die Menschen auf, die Hände in die Luft zu heben, wenn sie das Wehen des Geistes spüren wollen. Auf sein Zeichen schaltete man die Lüftung ein und unzählige wurden

„vom Geist“ ergriffen und ab ging‘s! Die Kassen klingeln gut bei ihm. Er sagt ja, wenn du mehr als 1000 Dollar spendest, dann macht er ein Schildchen mit deinem Namen an seine Flugzeugtüre und betet für dich jedes Mal, wenn er ins Flugzeug steigt... Muss ich noch was sagen?! Einige Gemeinden in Deutschland haben sich nach diesen offensichtlichen Betrügereien an die Medien gewendet! Sie hatten voller Glauben an die Aufrichtigkeit dieses Mannes geglaubt und ihn eingeladen und wurden so brutal enttäuscht, dass sie dadurch die ganze Welt warnen wollten! Aber viele Menschen wollen die Wahrheit nicht glauben. Es ist unfassbar.

Ich habe mit eigenen Augen viele wirklich kranke Menschen erlebt, die auf einem Heilungsgottesdienst den Rollstuhl verlassen haben und hin und her gegangen sind, und die Menge hat gestaunt und gejubelt und Gott gepriesen! So leicht lassen wir uns täuschen. Es ist nämlich so, dass die meisten Menschen in Rollstühlen nicht völlig gelähmt sind! Viele können noch laufen, aber sie sind schwach, sie können nicht lange laufen, aber nicht jeder, der im Rollstuhl sitzt, ist völlig lahm! Jeder Mensch, der sich etwas auskennt, der kann durch Beobachtung des Rollstuhlfahrers feststellen, ob dieser völlig lahm ist, oder ob er seine Beine noch bewegen kann. Bei jedem dieser Fälle, die ich erlebt habe, ist der Redner dann zu dem Rollstuhlfahrer gegangen und hat ihn „in Jesu Namen“ aus dem Rollstuhl geholfen, und dann ist der Rollstuhlfahrer gelaufen! Alle jubelten, aber hier geschah kein Wunder! Der konnte auch davor laufen, UND er saß auch danach wieder im Rollstuhl! Keiner von den Fällen, die ich kenne und erlebt habe, hat tatsächlich eine Heilung erlebt. Aber Hunderte gingen mit dem Glauben nach Hause ein echtes Wunder erlebt zu haben. Dies ist nur ein Beispiel, wie wir uns täuschen lassen.

Der große Fehler auf den „Heilungsveranstaltungen“, die ich erlebt habe, ist die einseitige und damit falsche Verkündigung. Es wird nicht so verkündigt, dass Menschen von ihrem egoistischen Leben in Sünde umkehren, um in Harmonie mit Gott zu leben. Stattdessen wird Heilung zum Wichtigsten und sie wird allen verheißen, die jetzt und hier glauben. Zum zweiten wird nicht differenziert, sondern pauschal gehandelt. Es wird überhaupt nicht in Betracht gezogen, dass Menschen in unterschiedlichen Situationen sind, und Gott unterschiedlich mit ihnen vorgeht!

Mancher wird sagen: „Aber Jesus hat auch pauschal alle geheilt.“ Aber das ist nicht der Fall! Wir haben einige biblischen Berichte, bei denen klar wird, dass Jesus in jeder Situation von Gott konkret geleitet war, und sehr sensibel und unterschiedlich vorging, um Menschen so optimal wie möglich weiterzuhelfen. Lazarus ließ er sogar krank sterben, weil Gott andere Absichten hatte. Die Menschen in Jesu Umfeld hatten ihn heilend erlebt. Das trauten sie ihm zu. Aber das war nicht das wichtigste Ziel Jesu! Er musste ihre Erkenntnis und ihr Verstehen weiter und tiefer führen! Sie mussten begreifen, wer Jesus wirklich ist und was das Ziel seiner Mission ist! Sie mussten begreifen, dass wir trotz Heilungen sterben müssen, aber dass die Auferstehung aus den Toten das „Etappenziel" zur Ewigkeit ist!

Es ist nicht richtig, zu behaupten, dass Jesus pauschal geheilt hat. Schau, wie er sich bemüht, durch die Heilung die Priorität der Sündenvergebung aufzuzeigen. (Matth. 9) Schau, wie er sich um den Einzelnen kümmert, damit er nicht bei der Heilung stehen bleibt, sondern auch gerettet wird. (Johannes 5,14) Jesus hat bei den Heilungen auch immer geprüft, was die Menschen erwarten, was sie glauben, und dabei ging es nicht um das reine Lippenbekenntnis, oder gar „Glaubensenergie", sondern darum, ihre Herzenshaltung zu erkennen! Das war teilweise extrem drastisch, wie mit einer heidnischen Frau und ihrem Kind (Matth. 15,22–28).

Ich könnte weiter so aufzählen. Und dennoch: Es ist nicht von der Hand zu weisen, dass Jesus teilweise wirklich von Heilung zu Heilung ging. Wir dürfen bei der richtigen Erwartung, dass Gott auch uns in seine Werke integriert und gebrauchen will wie Jesus, nicht übersehen, dass Jesus das Licht der Welt ist. Es ist doch klar, dass in seinem Auftreten Gottes wunderbares Handeln intensiver sein muss, als bei allen anderen. Sonst würde die herausragende Wichtigkeit Jesu nicht deutlich werden! Wenn jeder Christ die Menge an Wundern erleben würde, wie Jesus, dann würden viele nicht mehr auf Jesus schauen. Jesus ist eine besondere Offenbarung Gottes, und in ihm können wir Vergebung der Sünden bekommen und durch ihn werden wir bei der Auferstehung der Toten oder der Entrückung dabei sein! Nur durch Jesus werden wir die heilende Verwandlung von Krankheit und Tod zum ewigen Leben in Kraft und Gesundheit erleben!

Aber klar ist auch: Wenn wir in Harmonie mit Gott leben, und uns in seine Werke integrieren lassen würden, dann könnten wir mit Sicherheit Gottes übernatürliches Eingreifen häufiger erleben. Wir dürfen uns nicht auf unsere Fähigkeiten und Möglichkeiten begrenzen, sondern begreifen, dass Jesus alle Gewalt im Himmel und auf Erden hat. Er ist bei uns alle Tage bis an das Ende der Welt! Wer weiß, wie viel Gott noch an Wundern und Heilungen in deinem Leben wirken will, wenn du ganze Sache mit ihm machst? Pauschal Heilung zusprechen wird keinem helfen. Jesus hat nicht pauschal alle geheilt.

Es hat seine biblischen Gründe, warum ich mittlerweile sehr skeptisch mit derartigen Veranstaltungen bin und auch seit langem keine mehr besucht habe. Es würde mich aber sehr freuen, wenn dieses Buch besonders in diesen Kreisen gelesen werden würde. Denn ich muss ehrlich sagen, dass viele Menschen, die ich in solchen Kreisen getroffen habe, Jesus wirklich lieben, suchend und offen sind, und an ihn glauben. Aber an diesem Punkt sind sie nicht reif genug, oder vielleicht auch verführt. Aber die Wahrheit kann sie frei machen! Deshalb gib dieses Buch weiter, wenn du kannst.

Ich könnte mir gut vorstellen, zum Thema Heilung Veranstaltungen durchzuführen. Dabei könnte man eine Woche lang Abend für Abend die Themen aus diesem Buch durchnehmen, je nachdem was für Zuhörer man hat. Diese Themen kann man auch evangelistisch halten, so dass Fremde informiert, angesprochen und zu Jesus geführt werden. Die Punkte eignen sich auch hervorragend um allgemeingültige Prinzipien zu lernen, die für das ganze Glaubensleben gelten. Das Ziel dieser Vorträge wäre Menschen zu Jesus zu führen, und das Thema Heilung zu vermitteln, damit Menschen in ihrem Glaubensleben Hilfe erfahren und anderen helfen können.

Zusammenfassung & Tipps

Wir haben also gesehen, dass es verschiedene Ursachen für Krankheiten gibt und auch verschiedene Arten Gottes damit umzugehen. Grundsätzlich können wir sagen:

- Gott will, dass allen geholfen wird, und sie zur Erkenntnis der Wahrheit kommen. Gott will, dass so viele wie möglich gerettet werden und das ewige Leben finden.
- Angesichts wertvoller geistlicher Realitäten und Werte können Krankheiten auch „heilsam" sein, wie bei Miriam.
- Sie könnten aber auch eine abschreckende Warnung für andere sein, wie bei Gehasi, Herodes, Hananias und Saphira.
- Krankheit und Tod kann aber auch Bewahrung vor Schlimmerem sein, wie bei dem sterbenden Jungen.
- Gott kann durch direkte Wunder heilen und uns da hineinintegrieren, als Heiler oder als zu Heilende, wie bei Hananias und Paulus.
- Gott könnte uns aber auch einen guten Rat zukommen lassen, um gesund zu werden, wie Paulus Rat an Timotheus.
- Wir könnten auch krank bleiben, wie der Mitarbeiter, den Paulus krank zurücklassen musste. Vielleicht weil Gott uns etwas Konkretes damit zeigen will, oder unser Leben grundlegend ändern will. Oder weil er uns als Licht in der Welt gebrauchen will. (Kerzenprinzip)...
- Es gibt auch die Krankheit zum Tode, die wir aus der richtigen Perspektive gesehen schätzen, und die Zeit nützen sollten (Elisa).
- Sehr wichtig ist mir der Punkt, dass Gott uns nicht in Unwissenheit lassen wird, wenn wir ihn aufrichtig suchen, wie Paulus und der Pfahl im Fleisch.

- Wir haben festgestellt, dass starker Glaube Jesus vertraut und in der Wahrheit ruht und sich nicht darin zeigt, dass Willensstärke in den Glauben gepresst wird.
- Wir haben festgestellt, dass „im Namen Jesu“ beten bedeutet, dass wir integriert in Gottes Plan und in der Autorität Jesu handeln und nicht auf magische Weise das Wort „Jesus“ missbrauchen.
- In der Gemeinde dürfen wir das Gespräch mit den Ältesten suchen, wenn wir krank geworden sind, und wir sollten uns für Kranke ausführlich Zeit nehmen, um ihnen zu helfen.
- Es ist gefährlich, einseitig zu glauben, und pauschale Ratschläge zu geben, oder pauschale Handlungen an Kranken vorzunehmen. Die Vielfalt der Möglichkeiten sollte uns unsere Begrenztheit aufzeigen und umso mehr die Abhängigkeit von Gott deutlich machen, der heilen kann. Oder was anderes vorhat.
- Bei allem dürfen wir nicht das ewige Ziel Gottes mit uns Menschen aus den Augen verlieren. Für viele ist die Wiederkunft Jesu so weit weg, geistlich, emotional, sie hat nichts mit ihrer Lebensgestaltung zu tun. Dabei könnte die tägliche Vorfreude auf Jesu zweites Kommen schon heilsam und stärkend sein!

Wichtig ist auch: Es muss sich keiner schämen, wenn er einem Kranken nicht mit Heilung oder einem guten Rat helfen kann. Paulus hat sich auch nicht geschämt. Viel schlimmer ist es, wenn wir einem Kranken falsche Hoffnungen machen, ihn täuschen oder verwirren.

Ein Kranker sollte nicht sein Leben Jesus übergeben, damit er geheilt wird, sondern weil er die größeren Zusammenhänge versteht und glaubt! Er soll umkehren, weil er Gottes Liebe versteht und erwidert! Er soll umkehren, weil er zu Gott kommen will und nicht zuerst an eine „Gabe“ Gottes kommen will. Er soll umkehren, weil er begreift, dass alleine ein Leben in Harmonie mit Gott richtig ist, und dass jede Sünde das Leben kaputt macht! Mancher will mit Gott nur ein „Geschäft“ machen. Er meint, wenn er ein Übergabegebet spricht, dann heilt Gott ihn, aber das ist nichts als purer Egoismus. Solch eine Einstellung wirst du auch bei Satan finden. Er würde auch solch ein Gebet sprechen, wenn ihm damit die ewige Strafe erspart bleiben würde, aber er würde nie beten, weil Gott wirklich Liebe ist! Er würde Gott nie preisen für das, was er ist!

Bei psychischen Erkrankungen ist Vorsicht geboten. Gott kann ein Wunder tun. Er kann auch durch schwere Zeiten führen und uns Dinge lehren. Biblische Wahrheiten können heilsam wirken. Gott kann uns aber auch zu einem Arzt bringen, der uns weiterhelfen kann. „Psychologie" ist grundsätzlich nicht falsch, denn wir sind als Menschen psychische Wesen! Das Wort Gottes hat viele Ratschläge, die mit der Psyche des Menschen zusammenpassen und hilfreich sind. Gefährlich wird es, wenn die Psychologie dem Wort Gottes widerspricht, oder gar ins Okkulte geht. Hier kann es sogar gefährlich werden. Es gibt aber sicher Leute, die an Gott glauben und psychologisch fit sind, die könnten in gewissen Fällen helfen auch durch gezielte Literatur... Aber das Allerwichtigste ist, dass man sich für solche Menschen Zeit nimmt und sie durch echte Nächstenliebe annimmt. Menschen brauchen zu allererst Liebe, Annahme, Gemeinschaft und echte Freunde, die ihnen beistehen und helfen und nicht zuerst Therapeuten.

Besondere Vorsicht ist beim Thema Dämonen geboten. Hier sollte man den Rat oder die Hilfe von Menschen suchen, welche die Gabe der Geisterunterscheidung haben. Gott hat diese Gaben gegeben, damit wir einander helfen. Ich kann nur jedem empfehlen, sich von allen Dingen zu trennen und fern zu halten, die irgendwie dämonisch belastet sein könnten. Ich habe damals alle CDs weggeworfen, die nicht christlich waren. Ich fordere euch auf, euch von Literatur oder Filmen zu trennen, die eine okkulte Tendenz haben, Zeitschriften, Steine oder Amulette,... Lasst euch von Gottes Geist leiten. Wenn ein Mensch einem Geist geweiht worden ist, oder besprochen worden ist, dann darf dies vor Gott bekannt werden. Gott vergibt, wenn wir Buße tun, und er befreit! Es ist wichtig, dass ihr durch das Lesen der Bibel die Wahrheiten zu diesem Thema erkennt und dann ohne Angst im Vertrauen und Gehorsam an Gott lebt. Wenn wir in der Wahrheit leben, wie Jesus, dann brauchen wir die Dämonen nicht mehr zu fürchten, als Jesus sie gefürchtet hat, und wir werden sie dann genauso behandeln wie Jesus sie behandelt hat. Ich kann hier nicht tiefer auf diesen Punkt eingehen, aber grundsätzlich kann man sagen, dass eine der größten Gefahren, in denen „belastete" Menschen sind, ihre Angst ist. In ihrer Angst könnten sie schlimme Dinge tun. Ein Ansatz ist deshalb ihnen aufzuzeigen, wer Jesus ist, und dass sie unter seinem Schutz keine Angst haben müssen. Das kann mitunter ein langer Prozess sein, weil viele falsche Vorstellungen vorherrschen. Ich habe einige solcher Fälle erlebt, wo Menschen Angst vor den Dämonen hatten, weil sie z.B.

dachten, dass die so aussehen und handeln, wie in den Filmen, die sie gesehen hatten. Aber das ist nicht so! Es ist wichtig mit Menschen zu reden und ihnen die Wahrheit aus der Bibel zu zeigen und es ist wichtig für sie zu beten!

Vergiss das Kerzenprinzip nicht. Erkenne die Dunkelheit auch als Chance! Lasst euer Licht leuchten vor allen Menschen sagt Paulus, und er hat es vorgemacht! Was für ein gewaltiges Zeugnis wäre das in Europa, wenn wir unsere „dunklen", schweren Lebenssituationen im Glauben an Gott nutzen würden! Was mich immer wieder erstaunt, das sind die ungenutzten Beerdigungen. Wie genial war der Einfall meines Großvaters an seiner Beerdigung an alle einen persönlichen Brief überreichen zu lassen! Als ich den bekam, konnte ich es vor Spannung nicht aushalten, ihn zu öffnen! Es liegt in eurer Hand, wie eure Beerdigung wird! Ihr könntet die Lieder bestimmen, ihr könntet eine Botschaft vorlesen lassen, ihr könntet die Menschen über euren Glauben informieren und sie ermutigen Jesus nachzufolgen, ihr könntet ihnen mitteilen, wie gerne ihr sie bei der Auferstehung durch Jesus Christus mit dabei haben wollt! Aber stattdessen überlassen viele ihre Beerdigung einem Pfarrer, der vielleicht gar nicht glaubt und so wird das ein trauriges oberflächliches und abschreckendes Szenarium. Nutzt eure Chancen – im Leben, wie im Sterben für Gott zu leuchten.

Vergiss nicht: Starker Glaube ruht! Er ruht in der Wahrheit und in Jesus Christus. Lasst euch nicht von Irrlehren oder Krankheiten aus der Ruhe bringen, sondern kommt damit zu Jesus! Jesus kann heilen, oder er hat auch Besseres und Wichtigeres im Sinn. Darauf können wir vertrauen.

Ich hoffe, dass ich mit diesem Buch dazu beitragen konnte, dass du in Zukunft deine Bibel aufmerksamer liest, denn Gott will dir noch einiges zeigen, wenn du die richtige Einstellung hast. (Phil 3,12–16)

Gottes reichen Segen wünscht Kornelius Novak.